Detlef Rathmer

7 WEGE ZU DIR SELBST

Lebenskunst für den Alltag

Haben Sie Fragen an den Autor?
Anregungen zum Buch?
Erfahrungen, die Sie mit anderen teilen möchten?
Nutzen Sie unser Diskussionsforum:
www.mankau-verlag.de

mankau

Bibliografische Information der Deutschen Nationalbibliothek
Die Deutsche Nationalbibliothek verzeichnet diese Publikation
in der Deutschen Nationalbibliografie; detaillierte bibliografische Daten
sind im Internet über http://dnb.d-nb.de abrufbar.

Detlef Rathmer
7 Wege zu Dir selbst
Lebenskunst für den Alltag

ISBN 978-3-938396-23-0
1. Auflage 2008

Mankau Verlag
Postfach 13 22, D–82413 Murnau a. Staffelsee
Im Netz: www.mankau-verlag.de
Diskussionsforum: www.mankau-verlag.de/forum.php

Lektorat: Dr. Thomas Wolf, MetaLexis
Endkorrektorat: Nicole Duplois, MetaLexis
Gestaltung Umschlag: Sandra Taufer, HildenDesign, München
Gestaltung Innenteil: Heike Brückner, Grafikstudio, Regensburg
Fotos Innenteil: Schachspieler/about.pixel.de (S. 9), Hampel99/aboutpixel.de (S. 21),
Sarotti/aboutpixel.de (S. 37), Pixelclick/aboutpixel.de (S. 51),
Peter Pan/aboutpixel.de (S. 57), Detlef Rathmer/Billerbeck (S. 65),
Tamsi/aboutpixel.de (S. 73), Sangimi/aboutpixel.de (S. 85),
Dommy/aboutpixel.de (S. 97), Mayflower/aboutpixel.de (S. 113)

Hinweis des Verlags
Der Autor hat bei der Erstellung dieses Buches Informationen und Ratschläge mit
Sorgfalt recherchiert und geprüft, dennoch erfolgen alle Angaben ohne Gewähr; Verlag
und Autor können keinerlei Haftung für etwaige Schäden oder Nachteile übernehmen,
die sich aus der praktischen Umsetzung der in diesem Buch dargestellten Inhalte
ergeben. Bitte respektieren Sie die Grenzen der Selbstbehandlung und suchen Sie bei
Erkrankungen einen erfahrenen Arzt oder Heilpraktiker auf.

Der Inhalt wurde auf chlorfrei gebleichtem Recyclingpapier gedruckt, der Druck erfolgte in Deutschland.

Dieses Buch widme ich meinen lieben Söhnen

Jonah und David,

die mir stets mit ihrer Liebe zeigen,

worauf es wirklich ankommt im Leben!

Inhalt

Einführung   9

1. Übung:
Das Ausatmen beobachten   21
    Der Verlauf der 1. Übung   22
    Der Sinn dieser 1. Übung   23

2. Übung:
Das Beobachten von Gedanken und Gefühlen   37
    Der Verlauf der 2. Übung   38
    Der Sinn dieser 2. Übung   38

3. Übung:
Die Stille und die Weite des Raums in Dir erfahren   51
    Der Verlauf der 3. Übung   52
    Der Sinn dieser 3. Übung   54

4. Übung:
Den inneren Körper spüren   57
    Der Verlauf der 4. Übung   58
    Der Sinn dieser 4. Übung   60

5. Übung:
Die Hingabe an das Sein   65
    Der Verlauf der 5. Übung   66
    Der Sinn dieser 5. Übung   66

6. Übung:

Das Sehen nach innen   73
    Der Verlauf der 6. Übung   74
    Der Sinn dieser 6. Übung   76

7. Übung:

Gegenwärtigkeit erfahren   85
    Der Verlauf der 7. Übung   86
    Der Sinn dieser 7. Übung   91

Abschließende Anmerkungen   97
Zum Autor   115

Einführung

„Das Glück wohnt nicht im Besitze und nicht im Golde, das Glücksgefühl ist in der Seele zu Hause."

(Demokrit von Abdera, 460 – 371 v. Chr.)

Betrachten Sie das Ihnen nun vorliegende Buch als einen „guten Freund", einen Rat-Geber, der Ihnen Tipps, Anregungen und Hinweise für Ihr Leben geben, Ihnen aber nicht die Entscheidungen für dieses abnehmen kann und möchte, sondern Sie immer wieder sanft zu sich selbst führt, weil er weiß, dass nur dort die Antworten auf *alle* Lebensfragen zu finden sind.

Ein guter Freund ist immer für Sie da, wenn Sie ihn brauchen und wenn Sie bereit sind, seine Hilfe in Anspruch zu nehmen, aber er drängt sich nicht auf. Aus diesem Grunde wähle ich zwar im Folgenden das persönliche „Du" als Anrede, hoffe jedoch, Ihnen damit nicht „zu nahe zu treten"!

Treten Sie nun auf den folgenden Seiten die Reise mit diesem „guten Freund" an, deren Ziel Sie selbst sind!

Viele Wege führen nach Rom, so heißt es. Doch Rom liegt im Außen und egal wo Du im Außen suchst, welche Städte Du in Deinem Leben im übertragenen Sinn auch bereisen magst, Du wirst Dich dort niemals finden. Die meisten Bücher dieser Art sind für den spirituellen Sucher geschrieben, der – auch wenn es ihm i. d. R. nicht bewusst ist – im Äußeren seines Lebens, in seinen Lebensumständen nach Erfüllung, Erleuchtung, dem tieferen Sinn im Leben, oder wie man es auch nennen mag, sucht. Dabei wird aber stets übersehen, dass die wirkliche Suche nach Dir selbst nach innen führt. Dieses Buch soll Dir in Deinem Leben behilflich sein, den Weg nach innen zu finden.

Zu allen Zeiten der Weltgeschichte wurden diese Wege beschrieben. Doch nur durch das *Praktizieren* dieser Wege in Deinem Alltag wird sich Dein Leben durch die segensreichen Wirkungen dieser Übungen wirklich zum Guten wenden.

„*Es kommt eine Zeit im Leben, da bleibt einem
nichts anderes übrig, als seinen eigenen Weg zu gehen.*"

(Sergio Bambaren, geb. 1960, aus: „Der träumende Delphin")

Der Weg ist das Ziel, so heißt es. Alle wahren Wege führen Dich direkt zu Dir selbst, sie führen Dich direkt in *Dein Innerstes*. Auch alle Wege im Außen führen Dich letztendlich auf Umwegen immer nur zu Dir selbst, aber niemals auf dem direkten Wege. Diese Wege, die wir im Außen suchen, um zu uns selbst zu finden, sind die „typischen" Wege des heutigen spirituellen Suchers und sie sind oft auch notwendig, um irgendwann einmal zu erkennen, dass diese Wege in Wirklichkeit Sackgassen waren, die auch nur *einen* Sinn hatten – uns zu zeigen, dass wir in die *andere* Richtung zu gehen haben und dass dieser einzige Weg gleichzeitig das Ziel aller menschlichen Suche ist – *der Weg zu Dir selbst.*

„Ruhend im Zentrum Deiner eigenen Welt,
suche den Weg von innen nach außen."

(Marylka Bender, geb. 1909, aus: „Zen Katzen")

Nur wenn wir uns selbst finden, finden wir auch unser wahres Glück sowohl im Innen als auch an der Oberfläche des Seins in Form unserer Lebensumstände im Außen.

Somit gibt es wahrlich viele Wege, die nach Rom, aber nur einige wenige, die zum wahren Ziel des menschlichen Seins führen – zu Dir selbst und somit zu *wahrem Lebensglück*:

„Sein oder Nichtsein – das ist hier die Frage!"

(William Shakespeare, 1564 – 1616)

Egal, wie weit Du auch Deinen Radius ziehst im Bereich Deines äußeren Lebens mit dem steten Ziel, Dich selbst zu finden, immer wieder wirst Du zurückgeworfen auf Dich selbst. Es ist nichts verkehrt daran, wenn Du Deine Lebensumstände verbessern möchtest, nur darfst Du nicht den Fehler machen, dort in Deinen äußeren Lebensbedingungen Dich selbst finden zu wollen und damit Dein Glück.

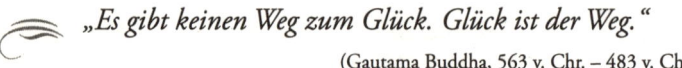
„Es gibt keinen Weg zum Glück. Glück ist der Weg."
(Gautama Buddha, 563 v. Chr. – 483 v. Chr.)

Das Leben scheint mit Dir zu spielen trotz unserer Vorstellung von einem *freien Willen,* und in gewisser Weise ist dies auch so:

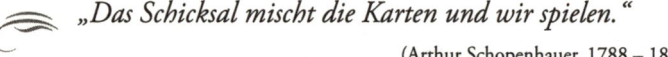
„Das Schicksal mischt die Karten und wir spielen."
(Arthur Schopenhauer, 1788 – 1860)

Wer sich auf dieses Lebensspiel nicht richtig einlässt und nur im Äußeren nach seinem Glück sucht, der verliert sich dort, und somit verliert er auch letztendlich im Spiel des Lebens. Der Mensch, der noch nicht bereit ist, den Weg nach innen anzutreten, zu dem *spricht* das Leben, indem es Botschaften auf vielen Ebenen schickt, in der Sprache der Lebensumstände, oft auch in Form von Krankheit. Wir nennen das dann oft Schicksal, finden es ungerecht und beklagen uns darüber. Aber das Wort *„Schicksal"* bedeutet ursprünglich *geschicktes, gesandtes Heil* und *das Leben selbst* ist der Absender!

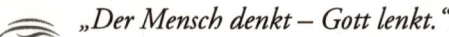
„Der Mensch denkt – Gott lenkt."
(Sprichwort nach den Sprüchen Salomos 16,9)

Jeder Schritt in Deinem Leben führt Dich in Wahrheit immer nur zu Dir selbst, und das Äußere spiegelt nur Dein Inneres wider. Wenn das Leben in Dir sprechen könnte, würde es zu Dir sagen:

> *„Wende Dich mir zu und Du bekommst alles andere hinzu! Verliere Dich nicht im Äußeren, sondern wende Deinen Blick in Dein Innerstes, so wirst Du mich erkennen und entdecken!"*

Der bengalische Dichter *Rabindranath Tagore (1861 – 1941)* sagte einmal:

> *„Gott ist in allen Menschen, aber nicht alle Menschen sind in Gott! Das ist die Ursache ihres Leidens!"*

Würde man für das Wort „Gott" in diesem Ausspruch das Wort „Leben" einsetzen, ergäbe dieser weise Spruch für unser Thema ein treffendes Bild:

> *„Das Leben ist in allen Menschen, aber nicht alle Menschen sind im Leben! (verwurzelt, im Sein verankert!) Das ist die Ursache ihres Leidens!"*

Dieses Buch ist eine *praktische* Einladung an Dich, den Weg zu Dir selbst zu finden. Alle Weisen und Mystiker haben stets auf diesen Weg nach *innen* hingewiesen, viele Bücher beschreiben diesen Weg mit vielen Worten, aber nur wenige Bücher vermögen es, Dir direkt diesen Weg zu Dir selbst aufzuzeigen, darauf hinzuweisen auf eine möglichst praktische und erfahrbare Art und Weise, in möglichst knapper Form und doch so deutlich wie notwendig, um Dich selbst zu finden in Dir.

Du hältst dieses Buch nun in Deinen Händen, weil die Zeit für Dich reif ist, den Weg zu Dir selbst zu finden. Ich biete Dir in der nachfolgenden Anleitung *sieben praktische* und *sehr effektive Wege* zu Dir selbst an, die eine Essenz meiner eigenen jahrzehntelangen spirituellen Suche darstellen.

Bedenke, dass Worte nur den Weg weisen können, aber alles steht und fällt durch die *eigene Seins-Erfahrung* mit den folgenden Übungen. Denn dieses Buch soll Spiritualität einfach und praktisch *erfahrbar* machen. Falls Du das Buch liest, um irgendwelche neuen Kenntnisse in Dich aufzunehmen, wäre das reine Energieverschwendung. Doch wenn Du diese Zeilen liest, um herauszufinden, ob das Gesagte Deine eigene Beobachtung bestätigt, ist es sehr wertvoll, dieses Buch zu lesen. Denn wahre Intelligenz kann nur aus eigener Beobachtung entstehen, nicht aus der Ansammlung und Speicherung von Kenntnissen in Deinem Gedächtnis.

Es ist hilfreich, die nachfolgenden Übungen zunächst getrennt voneinander durchzuführen, d.h. Du beschäftigst Dich mit der einzelnen Übung und diese begleitet Dich ein paar Tage oder Wochen in Deinem Alltag. Mache Dich nach und nach vertraut mit den Übungen, sodass sie Dir schrittweise immer vertrauter werden wie gute Freunde. So nimmst Du durch die praktische Umsetzung der Übungen Kontakt zu Deinem Sein auf und gehst somit über die Worte dieses Buches hinaus. Mit ein wenig Erfahrung bei den Übungen wirst Du erkennen, dass es oberflächlich betrachtet zwar *sieben Wege* gibt (und vielleicht auch noch ein paar mehr!), die nach *innen* zu Dir selbst führen, aber *in Wirklichkeit* in der Tiefe Deines Seins nur *ein* Weg und *ein* Ziel existieren: Der Weg zu Dir selbst ist gleichzeitig das Ziel, welches in Deinem Innersten ruht und dort wartet, von Dir *erkannt* zu werden.

> *„Um an die Quelle zu kommen,*
> *muss man gegen den Strom schwimmen."*
>
> (Stanislaw Jerzy Lec, 1909 – 1966)

Dein ganzes Leben hast Du womöglich vergeblich nach Dir selbst gesucht und dabei warst Du Dir stets näher als Dein Atem, näher als Deine Hände und Füße. Doch seit frühester Kindheit hat man Dich gelehrt, Deinen Blick nur nach *außen* zu wenden *(Extrospektive)* und kein Mensch hat Dir jemals gezeigt, wie Du Deinen Blick nach *innen* wenden kannst *(Introspektive)*.

Aber diese reine Suche im Außen war nicht nutzlos, sondern sie war der Weg, um dahin zu kommen, wo Du jetzt stehst. Die äußerliche Suche war offenbar so lange notwendig, bis Du erkannt hast, dass dieser Weg Dir niemals *wahre Erfüllung* bringen kann, denn Du suchtest an der *falschen Stelle* und in der *falschen Richtung* nach Dir. Alles Äußere und alle Lebensumstände, seien Sie auch kurzfristig noch so verlockend und erfolgversprechend, sind letztendlich vergänglich und somit auch das Glück, das man sich durch sie erhofft. Beständiges Glück findest Du nur in der *anderen* Richtung.

Um zu Dir selbst zu finden, brauchst Du im Grunde genommen keine Zeit. Zeit benötigst Du nur so lange, wie Du im *Außen* nach Dir suchst. Das Verlangen nach Objekten an der Oberfläche des Daseins – zu begehren, was Du nicht hast – kann einige Zeit in Anspruch nehmen. Das Verlangen, zu Dir selbst zu finden – Dein *eigenes wahres Selbst* zu erkennen – kann Dich, um sich zu erfüllen, nicht weit weg führen. Denn dieses Verlangen erfüllt sich augenblicklich, weil das begehrte Objekt in Wahrheit das Subjekt ist! Wie viel Zeit kannst Du denn wohl benötigen, um wieder nach Hause zu kommen, während Du doch schon zu Hause bist?

 „Wo gehen wir denn hin? Immer nach Hause."

(Novalis, 1772 – 1801)

Wende Dein Bewusstsein nach *innen* und Du wirst immer mehr *erkennen*, dass Du in Wirklichkeit schon zu Hause *bist*. Je mehr Du zu dieser Erkenntnis kommst, desto weniger Zeit benötigst Du, Du selbst zu sein. Am Ende dieses Prozesses wirst Du schließlich die Entdeckung machen, dass Du schon immer da *warst* und immer da sein *wirst*.

Das Leben ist ewig, aber es unterliegt den Wandlungsphasen von Geburt und Tod, so wie die Natur den Wandlungsphasen der Jahreszeiten unterliegt. So folgt auf den Sommer immer der Herbst und auf den Winter immer der Frühling. Im *Außen* unterliegt alles den Gesetzen der Wandlung, aber im *Innen*, in der Tiefe des Lebens selbst, ist alles *unvergänglich*. Daher ist es sinnvoll, Dich auf den Weg nach *Innen* zu machen, denn nur dort findest Du Dich selbst.

*„Das Sterbliche wankt in seinen Grundfesten,
aber das Unsterbliche fängt heller zu leuchten an
und erkennt sich selbst."*

(Novalis, 1772 – 1801)

Wende Deinen Blick daher nach *innen* und Du wirst der *weiten Stille* und des *endlosen Raums* in Dir gewahr und damit Deiner *wahren Natur*. Kehre heim zu Dir, indem Du Dich Dir zuwendest, und finde dort den *Stein der Weisen!*

*„Wie können wir unsere wahre Natur wahrnehmen?
Das Wahrnehmende selbst ist unsere wahre Natur."*

(Hui Hai, chinesischer Zen-Meister, 8. Jh. n. Chr.)

Und noch ein weiterer Hinweis zu den praktischen Übungen: Dein Verstand mag die Übungen manchmal für zu banal und einfach halten und sie vielleicht zunächst einmal ablehnen. Dein Verstand oder Dein Denken sind also die „größten Hürden" auf dem Weg zu Dir selbst. Diese Hürden kannst Du nur schrittweise abbauen, indem Du jeder einzelnen Übung zunächst einmal vorbehaltlos Vertrauen entgegenbringst und sie wirklich und konsequent ausprobierst. Es heißt, gegen den Mangel an Entschlusskraft gibt es ein sicheres Mittel: *Fang einfach an!* Nur, wenn Du die Übungen auch wirklich praktizierst, werden sie zu *segensreichen Katalysatoren* für Dein Leben. Sie analytisch zu betrachten, über sie zu diskutieren, sie zu bewerten oder über sie nachzudenken führt Dich nur weiter weg von Dir und diesem Buch.

> *„In Wirklichkeit wissen wir nichts,*
> *denn die Wahrheit liegt in der Tiefe."*
>
> (Demokrit von Abdera, 460 v. Chr. – 371 v. Chr.)

Es hilft uns auch nichts, wenn wir nur *glauben*, dass alles stimmt, was in diesem Buch steht, oder dass wir nach innen schauen sollten, um unsere wahre Natur zu erkennen. Nein, wir müssen es *direkt* und ohne den Filter des Verstandes *erkennen, in uns erspüren*, in uns die *lebendige Erfahrung des Seins an sich* machen, sonst hat es keinen essenziellen Wert. Denn der reine Glaube an irgendetwas, an ein höheres Selbst, an Gott, an das Leben, an das Sein, an was auch immer, ist wiederum nur ein weiterer Gedanke oder gar ein Gedankengebäude unseres Verstandesapparates, hat aber nichts mit dem Leben und dem Sein an sich zu tun. Hier zählt einzig die *erlebte Praxis* und die dadurch gewonnene Erfahrung!

Übe absichtslos, aber bleibe unbeirrt und standhaft auf Deinem Wege. Mache dieses Buch sowohl zu Deinem *Wegbegleiter* als auch zu Deinem *Wegweiser*!

Suche Dir von den nachfolgenden *sieben Wegen* den zunächst für Dich am besten passenden Weg aus und übe ihn, so oft Du daran zu denken vermagst. Das Üben selbst sollte mühelos *ohne Willens- oder Kraftanstrengung* erfolgen. Je weniger der Wille, die Leistung, Dein Verstand eingeschaltet sind *(Haben-Modus)* und je entspannter Du die Energie Deines Seins spürst und loslässt *(Seins-Modus)*, desto tiefer wirst Du eindringen in die *Fülle des Seins* und desto glücklicher wird sich Dein Leben gestalten. Denn der Weg in Dein

Innerstes ist selbstregulierend und führt bei konsequenter Beschreitung auch im Außen sehr schnell zu positiven Veränderungen, ohne dass diese von Dir beabsichtigt werden. Denn jegliche Absicht auf ein „besseres Leben", auf Erfolg mit diesen Wegen im Außen etc. ist wiederum eine Suche in der äußeren Welt und verhindert zuverlässig den Weg nach *innen*.

Vertraue also dem Leben selbst und lasse den Strom der Gedanken hinter Dir. Bleibe konsequent auf Deinem Weg nach *innen* zu Dir selbst und alles andere wirst Du dazubekommen, denn *„das Himmelreich ist inwendig in Euch"* *(Jesus Christus)*.

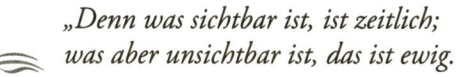

*„Denn was sichtbar ist, ist zeitlich;
was aber unsichtbar ist, das ist ewig."*

(Paulus im 2. Korintherbrief, 4,18)

Mitunter begegnest Du in diesem Buch *Sprichwörtern, Redensarten* oder *Weisheiten* aus aller Welt. Diese sollen Dir zeigen, dass die *Wahrheit* in diesem Buch *universal* ist. Sie ist nicht nur zu allen Zeiten auf der Welt vorhanden gewesen, sondern erstreckt sich auch über den gesamten Erdball. So haben Menschen aller Länder zu allen Zeiten die Wahrheit erkannt und oft in erstaunlich prägnanter Form auf den Punkt gebracht – sie schlummert in jeder Volksseele genauso wie in jeder einzelnen Menschenseele und wartet nur darauf, *geweckt* zu werden!

Die *sieben Wege zu Dir selbst* „zwingen" Dich zu nichts, Du musst Dein Leben im Außen nicht ändern, Du brauchst zum Üben keine zusätzliche Zeit und musst auch sonst nichts „investieren". Allen Übungen gemeinsam liegt ein *synergetischer Effekt* zugrunde: Sobald Du eine der Übungen praktizierst, hilft Dir die dabei gemachte Erfahrung auch bei den anderen Übungen, denn in der Tiefe haben alle Übungen dasselbe Ziel und führen Dich alle *„nur"* zu Dir selbst!

Die *sieben Wege* werden Dich zu einem neuen Bewusstsein führen, von dem aus sich Dein Leben harmonischer gestalten wird, und diese Bewusstseinsveränderung wird Dich zu *innerem Frieden* und *Glück* geleiten. Dieser Friede und dieses Glück warten im Inneren auf Dich, um entdeckt zu werden. Ich wünsche Dir, dass Du möglichst gelassen, aber trotzdem konsequent, die Übungen durchführst und so Dein Leben immer mehr erblüht auf dem *Weg zu Dir selbst!*

> *„Wir träumen von Reisen durch das Weltall:*
> *Ist denn das Weltall nicht in uns?*
> *Die Tiefen unseres Geistes kennen wir nicht.*
> *Nach innen geht der geheimnisvolle Weg.*
> *In uns oder nirgends ist die Ewigkeit mit ihren Welten,*
> *Vergangenheit und Zukunft."*

(Novalis, 1772–1801)

1. ÜBUNG:

Das Ausatmen beobachten

*„Die Natur hat dafür gesorgt,
dass es, um glücklich zu leben,
keines großen Aufwandes bedarf;
jeder kann sich selbst glücklich machen."*

(Lucius Annaeus Seneca, 1 – 65 n. Chr.)

Der Verlauf der 1. Übung:

Beobachte Deine Ausatmung und lasse dabei Deinen Atem los! Los-Lassen! Sein-Lassen! Einfach-Sein! Sei, wer Du bist! Lass es sein!

Achte bei dieser Übung darauf, wie Dein Atem mit jedem Ausatmen stiller wird und sich beruhigt. Lasse Deinen Atem ohne eigenes Bemühen langsam ausklingen. Versuche dabei möglichst zu entspannen! Genieße die *„Ruhe vor dem Sturm"* der Einatmung! Gebe der *Stille* in Dir Raum zur Entfaltung, bis die Einatmung *ohne Dein Zutun* von selbst erfolgt, und spüre dabei die *wohltuende Stille* und den *grenzenlosen Raum* während dieser Atempause in Dir. In diesem Moment der natürlichen Atempause steht für einen Augenblick die Zeit still.

 „Der ist der Herr der Erde, der ihre Tiefen misst."
(Novalis, 1772 – 1801)

Wenn dann irgendwann die Einatmung *von selbst erfolgt*, lasse auch hier das Einatmen einfach zu und freue Dich darüber, dass sich das Leben in Deinem Körper von selbst ohne Dein Zutun die notwendige Atemluft und Energie holt. Alles „funktioniert" ohne irgendein Bemühen Deinerseits! Dieser Gedanke erfüllt Dich und schenkt Dir Vertrauen in das Leben und somit zu Dir und in Dich selbst.

Während Du Deinen Atem beobachtest, befindest Du Dich im *Hier und Jetzt*, der Gedankenstrom kommt langsam zur Ruhe und *Stille* breitet sich aus.

*„In der Stille könnte es geschehen,
dass wir von uns hören."*

(Anke Maggauer-Kirsche, geb. 1948)

Beobachte auch Deine Einatmung, ohne einzugreifen, ohne zu werten oder zu korrigieren! Du wirst vom Leben in Dir, ja von Deiner *Dir innewohnenden Lebenskraft* gelebt und musst Dich kein bisschen dabei anstrengen. Alles geschieht einfach und mühelos, vertraue darauf!

Dann beobachtest Du wieder Deine Ausatmung und lässt einfach los wie zuvor. Du lässt Deinen Atem wieder ausklingen, wie die Wellen des Meeres den Strand erreichen und dort im Sand versickern. Im natürlichen Rhythmus fließt das Wasser wieder ins Meer und so kehrt Dein Atem natürlich und ohne Mühe nach einer Ruhepause wieder in die entgegengesetzte Richtung des Einatmens zurück. Spüre den Atem als *Quelle Deines Lebens*, Deines Seins und *empfinde die Energie*, die durch Deinen Körper fließt, während Du atmest!

Der Sinn dieser 1. Übung:

Der Atem ist ein lebendiger und natürlicher Vorgang, den man auf keinen Fall in irgendeiner Form kontrollieren sollte. Einfach nur *beobachten, wahrnehmen, aufmerksam* und *wachsam* sein, ohne einzugreifen!

Die Beobachtung des Atems sollte sich auf die Ausatmung und die Ruhephase unmittelbar vor der Einatmung (*„Ruhe vor dem Sturm!"*) konzentrieren.

Der Atem ist der wichtigste *„Bewusstmacher"* des Lebens und Deines Daseins. Wollen wir den Atem kontrollieren, so wollen wir auch unser Bewusstsein und unser Dasein kontrollieren und schneiden uns damit zuverlässig vom Leben ab. Geben wir die Kontrolle über den Atem auf, so geben wir auch ein Stück weit die Kontrolle über unser Leben auf und lernen dadurch zu *vertrauen*. Dies ist die praktische Übung des Wortes *„Dein Wille geschehe!" (Jesus Christus)* und sehr schnell ändert sich durch diese einfache Übung unser Leben zum Positiven.

Unsere Haltung wird automatisch aufrechter, unser Gang selbstbewusster und unsere Gefühle und unsere Wahrnehmungen werden echter und tiefer, während unsere Gedanken zur Ruhe finden und langsam ausklingen wie unser Atem. Die Muskulatur unseres Körpers entspannt automatisch ohne unser Zutun auf befreiende Art und Weise.

Durch die Beobachtung unseres Atems werden oft jahrelang bestehende muskuläre Verspannungen erst bewusst! Der Atem ist das *Bindeglied* zwischen unserem Körper und unserem Bewusstsein, der *Mittler* in unserem *Körper-Geist-Organismus*. Durch die Beobachtung des Atems *verwurzeln* wir uns in unserem Sein, ja mit dem Leben selbst! Durch die Betonung der Ausatmung werden wir uns des natürlichen Mechanismus von *Geben und Nehmen* bewusst. Durch Deinen Atem bist Du mit der gesamten Welt verbunden, mit allem, was lebt. Je mehr Du Deinen Atem loslässt und gibst, desto mehr empfängst Du auch. Dies ist ein *universales Prinzip!*

Je mehr wir unseren Atem und unser Leben loslassen und vertrauen, desto beglückender ist das Geschenk der Einatmung, welches uns mit jedem Atemzug durch das Leben gegeben wird. Nur wenn wir uns leer machen, können wir die maximale *Fülle des Lebens* erhalten. Je mehr wir festhalten, desto weniger bekommen wir vom Leben geschenkt.

> *„Habe Vertrauen ins Leben und es trägt Dich lichtwärts, vertraue auf Dein Glück und Du ziehst es herbei!"*
>
> (Lucius Annaeus Seneca, 1 – 65 n. Chr.)

Diese Übung ist so einfach und doch so kraftvoll und Du kannst sie jederzeit sowohl in *aktiven* als auch in *passiven Phasen* Deines Lebens anwenden – Du musst Dich nur immer wieder daran *erinnern* und Dir Deinen Atem somit *bewusst* und *erfahrbar* machen. Langsam kehrt Ruhe in Dein Leben ein und die Dinge ordnen sich wie von selbst zum Guten. Sei einfach *still* und achte auf Deinen Atem! Gib auf Dich acht!

Atem ist Leben und das Leben pulsiert in Dir. Die Kraft des Lebens steht Dir in Form des Atems jederzeit als Energie zur Verfügung. Mache Dir die Atemenergie bewusst, indem Du sie *beobachtest* und dadurch auf sie aufmerksam wirst. Dieses *Beobachten* genügt bereits, um kraftvolle Veränderungen zu bewirken, mehr ist nicht nötig! Durch die Beobachtung Deines Atems wird sich das Leben *seiner selbst bewusst* und kann dadurch gedeihen und erblühen. Dies ist die wahre Bedeutung des Wortes „Selbstbewusstsein": Sich seines Lebens, seines Selbstes, bewusst sein = SELBST-BEWUSST-

SEIN! Gib Dich Deiner Ausatmung hin und empfange dadurch die *Fülle des Lebens!*

Sich seiner Atmung bewusst zu sein, zieht Aufmerksamkeit vom Denken ab und schafft in Dir einen *weiten Raum der Stille*. Atmen ist weniger etwas, das Du tust, als vielmehr etwas, dessen *Zeuge* Du wirst, während es geschieht. Die Atmung funktioniert ganz von allein, denn die Deinem Körper innewohnende Intelligenz sorgt für Dein Überleben. Es erfordert weder Mühe noch Anstrengung. Du bist der *„stille Zeuge"*!

Achte zuweilen auf die kurzen Unterbrechungen in der Atemtätigkeit, besonders auf die Pause nach dem Ausatmen, die ganz natürlich entsteht, bevor das Leben Dich wieder einlädt, einzuatmen.

„Ruhe aus! Ein Feld, das geruht hat, trägt herrliche Ernte."

(Ovid, 43 v. Chr. – 18 n. Chr.)

Viele Menschen haben einen unnatürlich flachen Atem. Je mehr Du Dir Deines Atems bewusst wirst, umso mehr gewinnt er von seiner *natürlichen Tiefe* zurück.

Einatmen bedeutet *Nehmen* – Ausatmen bedeutet *Geben!* Wir leben heute in einer Kultur, in der der Schwerpunkt auf dem „Nehmen" – also der Einatmung liegt. Ständig verlangen wir nach Dingen, die uns glücklich machen könnten. Seien wir ehrlich mit uns, es ist so: Wir sind ständig irgendeinem *Verlangen* ausgesetzt und finden daher selten zur *Ruhe* und zur *Stille*.

„Der Feind des Glücks ist der Wunsch."

(Unbekannt)

In der ersten Hälfte des Lebens mögen es mehr materielle Dinge sein, die wir vom Leben verlangen, in der zweiten Hälfte unseres Daseins auf dieser Erde mögen es dann zunehmend spirituelle Dinge sein, die uns immer weiter treiben in der Hoffnung, unser Glück durch die Befriedigung dieses Verlangens zu finden. Doch wie sich das Verlangen im Leben auch zeigt, es bleibt *Verlangen!* Dein inneres Verlangen, egal welcher Art es ist, führt Dich stets aus der Gegenwärtigkeit des Seins heraus und in der Folge entfernst Du Dich immer mehr von Dir selbst. Gib Dein Verlangen auf und schon befindest Du Dich in der Gegenwart! Ganz einfach und mühelos!

Die Wurzel dieses unbändigen Verlangens in Dir besteht in der Angst vor der Zukunft und dem damit verbundenen Mangel an Vertrauen in das Leben selbst. Je mehr Angst Du hast, desto weniger lebst Du! Werde ich in Zukunft materiell überleben können? Werde ich in Zukunft geliebt werden?

„Fürchte Dich weniger, hoffe mehr;
iss weniger, kaue mehr;
jammere weniger, atme mehr;
rede weniger, liebe mehr und

alle guten Dinge werden Dein sein."

(Schwedische Weisheit)

Die Angst treibt uns oft ruhelos einseitig zu dem Pol des Nehmens und führt dazu, dass wir auf körperlicher Ebene die Einatmung und damit das Nehmen betonen zu Lasten der so wichtigen Ausatmung und des Gebens. Wir vergessen meistens im hektischen Alltagsgeschehen, dass wir uns nur füllen können, wenn wir uns zuvor leer gemacht haben. Die alten Chinesen drückten es sehr einfach und schön in folgendem Bild aus:

> *„Nur in leere Teegläser kannst Du vernünftig Tee eingießen!"*

Das Nehmen hat man uns von klein auf beigebracht, das haben wir schon zur Genüge einstudiert, darin sind wir große Meister! Wir haben schließlich alles hingenommen, doch erkannten wir nicht, dass das Motto zum Glück nicht *Hinnahme,* sondern *Hingabe* lautet!

Aber das Geben, die Hingabe an das Leben, scheint uns ein „schlechtes Geschäft" zu sein, allenfalls geeignet für einfältige Zeitgenossen, die nichts vom Leben erwarten. Nun, diese Zeitgenossen sind es aber, die Glück erfahren können, denn je mehr sie geben (Ausatmung), desto mehr empfangen sie (Einatmung) – dies ist das *Geheimnis des Atems* und das *Mysterium des Lebens und der Liebe!*

Buddha selbst fasste diese Zusammenhänge vor über 2.500 Jahren in prägnanter Form zusammen:

> *„Die Wurzel des Leides ist das Verlangen. Kein Verlangen – kein Leid!"*

Verlange also von der Welt nicht mehr, als sie Dir geben kann, verlange vom Leben nicht mehr, als es Dir bereit ist zu geben. Sei zufrieden mit dem, was Du augenblicklich erreicht hast, auch wenn die ganze Welt Dir sagt, dass Du noch viel zu erreichen und dass Du noch nicht genug hast. Mit diesem Gefühl des Mangels wirst Du in der äußeren Welt niemals genug haben, weil das Mangelgefühl zuverlässig eine Welt des Mangels kreiert! Zwar leben die allermeisten Menschen mit dem ständigen Gefühl des *unge-stillten* Verlangens, des Verlangens *ohne Stille*, und denken gleichzeitig, das sei das „normale Leben", doch so zu leben ist destruktiv.

 „Der Wunsch ist der Vater des Gedankens."

(William Shakespeare, 1564 – 1616)

Angst und Verlangen sind Zwillinge. Verlangen entsteht aus der Angst; z. B. fürchte ich mich vor diesem oder jenem und deshalb möchte ich aus dieser oder jener Situation herauskommen.

Größtenteils ist unser Konsumverhalten im Zusammenhang mit dieser *Angst-Verlangen-Achse* zu sehen. Im Wesen des Verlangens liegt es, dass es sich stets auf die Zukunft bezieht, ebenso wie die Angst. Je größer also Dein Verlangen ist, desto mehr spaltest Du Dich von Deinem Inneren ab und die Unzufriedenheit in Deinem Herzen wächst.

„Wem Ruhe und Frieden lieb sind, der hüte sich
vor den Wünschen, die sind nimmer satt
und quälen ärger als Hunger und Durst."

(Jeremias Gotthelf, 1797 – 1854)

Etwas zu verlangen ist so, als wolle man bei seiner eigenen Beerdigung zugegen sein, denn das Verlangen ist immer auf die Zukunft gerichtet. Aber aus der Perspektive des gegenwärtigen Körperbewusstseins gesehen kannst Du niemals Zeuge Deiner eigenen Beerdigung sein. Wenn Dein Verlangen jedoch abnimmt, begegnest Du damit schrittweise der *Stille* und in dieser Stille wächst Deine Zufriedenheit und gedeiht Dein Herz.

> *„Wie viel Du wünschen magst,*
> *der Wunsch wird weitergehen,*
> *und Glück ist da nur, wo die Wünsche stille stehen."*
>
> (Friedrich Rückert, 1788 – 1866)

Wenn das Verlangen in Deinem Herzen abnimmt, nimmt die Dimension der Tiefe in Deinem Leben zu.

Genauso, wie wir einem anderen Menschen gegenüber freigiebiger sind, wenn dieser nichts von uns verlangt, so beschenkt uns das Leben auch bereitwilliger, wenn das Verlangen in uns abnimmt oder ganz verstummt. Der Mensch ist in den allermeisten Fällen davon überzeugt, dass er selbst am besten weiß, was für ihn „gut" ist. Daher verlangt er in „seinem Leben", also in der Zeit seiner Existenz hier auf Erden, alles nur Denkbare. Zuweilen bekommt er sogar das Verlangte, aber das wirklich *Wichtige* und *Essenzielle* im Leben erhält er dadurch nicht! Daher sucht er ja im Außen immer weiter voller Verlangen in der Hoffnung auf Befriedigung des Verlangens im Rahmen seiner Lebensumstände – vergeblich!

> *„Der erfüllte Wunsch macht gleich einem neuen Platz,*
> *jener ist ein erkannter,*
> *dieser noch ein unerkannter Irrtum."*
>
> (Arthur Schopenhauer, 1788 – 1860)

Doch der Mensch, der sein inneres Verlangen schrittweise aufgibt und sich dadurch hingibt dem *lebendigen Sein*, der *vertraut* dem Leben und das Leben trägt ihn lichtwärts zum wahren Glück des inneren Friedens! Plötzlich gibt ihm das Leben alles, was er *wirklich* benötigt!

> *„Wünsche muss man loslassen,*
> *damit sie gehen können – nämlich in Erfüllung."*
>
> (Shivani, 1923 – 2003)

Diese Erfahrung des lebendigen Seins, des Getragenwerdens durch das Leben, machen leider nur die wenigsten Menschen in ihrem Dasein. Welch leidvolle und schreckliche Lebensumstände kreiert der Mensch für sich selbst durch sein *ständiges ungestilltes Begehren!* Ständig sucht er sich dort in der Welt und findet sich niemals, denn er sucht am *falschen Ort*.

> *„Unsere Wünsche sind wie kleine Kinder:*
> *Je mehr man ihnen nachgibt, umso*
> *anspruchsvoller werden sie."*
>
> (Christian Morgenstern, 1871 – 1914)

Wenn wir uns dann unsere angeblichen „Herzenswünsche" erfüllt haben, spüren wir oft kurzfristig eine Befriedigung und nehmen dadurch irrig an, dass dies der richtige Weg war, denn wir fühlen uns ja momentan sehr gut! Wir denken dann, wir fühlen uns deshalb gut, weil wir etwas erreicht haben in unserem Leben, das uns irgendwie vollständiger gemacht hat. In Wirklichkeit aber fühlen wir uns in diesen Momenten relativ gut, weil unser *inneres Verlangen* für kurze Zeit zum *Still-Stand* gekommen ist! Wir sind für *kurze Zeit* befriedigt und für kurze Zeit kehrt *relative Stille* in uns ein. Da dieses Wohlgefühl jedoch seine Ursache im *Äußeren* hat, währt es nicht allzu lange, wir fühlen uns bald wieder schlechter und schon suchen wir uns dann ein neues Objekt der Begierde! Ein Teufelskreis, dem der heutige an Fortschritt glaubende Mensch im besonderen Maße unterliegt.

„*In jedem Wunsch schlummert die Enttäuschung seiner Erfüllung.*"

(Nicolaus Cusanus, 1401 – 1464)

Das Verlangen nach diesem und jenem ist leider derartig groß, dass die meisten Menschen niemals auf die Idee kommen, innezuhalten und im Moment zu verweilen *ohne jegliches Verlangen*. Dies ist möglich! Dann kehrt nämlich schon kurze Zeit danach ein *lebendiger Friede* in Dir ein, Du wirst *still* und fühlst Dich fortan getragen vom Leben, begleitet von einem unsäglich positiven Gefühl der Freiheit, der Freiheit von Gedanken, der Freiheit von Verlangen und Wünschen, einfach grundlos glücklich sein ohne irgendeine Abhängigkeit Deines Wohlgefühls von äußeren Dingen! Wunschlos glücklich sein!

*„Alle Welten und alle Wünsche erlangt der,
der selbst findet."*

(Upanishaden, philosophische Schriften des Hinduismus,
entstanden zwischen 700 und 200 v. Chr.)

Doch das alles sind nur Worte! Probiere es aus! Einen Versuch ist es wert! Das Leben trägt Dich ohnehin – es hat Dich als Person hervorgebracht durch Deine Geburt und sich so manifestiert. Es wird Dich als Person hinwegtragen und diese Manifestation auflösen anlässlich Deines Todes. Auf beide Ereignisse, Geburt und Tod, hast Du letztendlich keinen Einfluss, auch wenn Dein Verstand Dir etwas anderes erzählt! Warum sollte Dein Einfluss so stark sein auf Ereignisse während Deiner Existenz auf Erden? Hast Du z. B. einen wirklich starken Einfluss auf Deinen Atem? Kannst Du ihn auf Dauer erfolgreich durch bestimmte Strategien und Methoden verändern oder gar manipulieren? Kannst Du einfach mit dem Atmen aufhören, weil Du es so willst, oder ist das Dir innewohnende Leben stärker als Dein Wollen und Deine Begierden? Wer steuert „Dein Leben" in Wahrheit?

Durch das Bewusstwerden der Ausatmung wird das Verlangen nach immer mehr aufgegeben und Du wirst innerlich ruhig und still, der Atem gewinnt an Tiefe und wird zum *Anker für das Sein*, das Du bist!

*„Es gibt zwei große Enttäuschungen im Leben:
Wünsche, die sich nicht erfüllen und
Wünsche, die sich erfüllt haben."*

(Unbekannt)

Mache nun einmal den praktischen Versuch und betone die Einatmung besonders stark: Schon nach kurzer Zeit erfährst Du „am eigenen Leibe", dass es Dir, wenn Du immer mehr an Atemluft verlangst, zunehmend schlechter geht, Du immer ängstlicher wirst und Dich immer weniger lebendig fühlst! Betonst Du dagegen die Ausatmung, geht es Dir schon nach kurzer Zeit psychisch besser als sonst, die Angst und das Verlangen verschwinden und die Lebendigkeit und das Gefühl der Gegenwärtigkeit nehmen deutlich zu!

Dieses „Innehalten" im Alltag führt nach und nach zur Stabilisierung Deiner Grundstimmung und verbindet Dich immer wieder von Neuem mit Dir selbst.

Schaue auf diesen Augenblick, in dem Du diese Zeilen liest: Es ist immer hilfreicher, mit dem Lesen aufzuhören und innezuhalten als weiterzulesen und ständig aufnehmen zu müssen.

Die Übung des Ausatmens ist vordergründig und oberflächlich betrachtet eine Atemübung. Blickst Du jedoch tiefer, erkennst Du, dass es eine Übung ist, die das *Nehmen* nicht mehr *zu Lasten des Gebens* betont, sondern durch das Loslassen des Atems wieder ein Gleichgewicht zwischen Ein- und Ausatmung hergestellt wird – ein Gleichgewicht zwischen den Polen des Lebens.

Mit dem Lesen dieses Buches verhält es sich ebenso: Fange also bereits jetzt an, die Erkenntnisse dieser ersten Übung praxisnah umzusetzen und erkenne, dass dieses Buch nicht einfach von vorne bis hinten gelesen und dann weggelegt werden sollte. *Lebe* vielmehr mit diesem Buch und nimm es immer wieder zur Hand!

Die meisten der verehrten Leserinnen und Leser werden ganz von selbst nach jedem Abschnitt im Lesen innehalten, nachdenken und still werden.

Da der Atem an sich keine besondere Form hat, wird er seit alters her mit dem Geist oder dem Bewusstsein gleichgesetzt – mit dem formlosen *einen* Leben.
Das deutsche Wort *atmen* stammt aus dem altindischen Sanskrit und ist von *Atman* abgeleitet, womit der allem *innewohnende göttliche Geist*, das *Bewusstsein* oder der *innere Gott* gemeint ist.

Die Tatsache, dass der Atem keine Form hat, ist einer der Gründe, warum das Bewusstsein für den Atem eine höchst effektive Methode ist, einen inneren Raum in Dir zu schaffen und damit Bewusst-Sein.

*„Der Schlüssel zur Erkenntnis Gottes
ist die Selbsterkenntnis."*

(Abu Hamid al-Ghazáli, 1058 – 1112)

Dir Deines Atems bewusst zu sein „zwingt" Dich sozusagen in den *gegenwärtigen Augenblick*. Jedes Mal, wenn Du Dir Deines Atems bewusst wirst, bist Du absolut präsent im Hier und Jetzt! Bewusstes Atmen bringt Dein Denken zum Stillstand, denn Du kannst nicht gleichzeitig denken *und* Dir Deines Atems bewusst sein. Du erhebst Dich daher bei dieser Atemübung über das Denken hinaus und findest *Raum* und *Stille* in Dir.

Diese *segensreiche Übung* führt uns – bildhaft gesprochen – auf den Gleisen unseres Atems in die Tiefe unseres Seins nach *innen* zu uns selbst!

> *„Im Atemholen sind zweierlei Gnaden:*
> *Die Luft einziehn, sich ihrer entladen.*
> *Jenes bedrängt, dieses erfrischt:*
> *So wunderbar ist das Leben gemischt.*
> *Du danke Gott, wenn er Dich presst,*
> *Und dank ihm, wenn er Dich wieder entlässt."*
>
> (Johann Wolfgang von Goethe, 1749 – 1832)

2. Übung:

Das Beobachten von Gedanken und Gefühlen

„Die Tür zum Glück geht nach außen auf –
wer sie einzurennen versucht, der verschließt sie nur."

(Søren Kierkegaard, 1813 – 1855)

Der Verlauf der 2. Übung:

Beobachte achtsam Deine Gedanken!
Beobachte achtsam Deine Gefühle!

Tue dies von heute an geduldig und ausdauernd, ohne irgendeine Stellungnahme, ohne Beurteilung, ohne Wertung. Einfach nur beobachten!

Bald wird Ruhe in Dir einkehren und das Chaos der ständigen Gedanken wird sich klären, bis sich dann schließlich *Stille* und *Weite* in Dir ausbreiten.

Jetzt lade bitte einen Gedanken ein! Lass den Gedanken einfach kommen! Und was geschieht? Der Gedanke steigt auf in Dir aus der *Stille des Seins* – das ist der Prozess des Lebens! Das zu *erkennen* heißt, der *Unbewusstheit* der Gedanken und Gefühle Einhalt zu gebieten. Genauso hältst Du den Gedankenstrom in Schach. Das ist Wachsamkeit! Das ist Achtsamkeit! Das ist Bewusstheit! Darüber hinaus ist es auch *natürliches Glücklichsein!* Und es kostet Dich nichts!

Der Sinn dieser 2. Übung:

Du kannst den Strom Deiner Gedanken und Deiner Gefühle nicht einfach so abstellen, zumindest nicht für längere Zeit. Dieser Prozess würde zu einer Unterdrückung des Denkens und der Gefühle führen und wäre auf Dauer äußerst schädlich für Dich.

Es gibt jedoch einen Trick, wie man denken und trotzdem in der Gegenwart leben kann im so genannten *Hier und Jetzt:*

Du *beobachtest* einfach Deine Gedanken und Deine Gefühle mit Hilfe Deiner *Achtsamkeit!* Wenn man die Gedanken ganz ungezwungen und ohne Verkrampfung mühelos und achtsam beobachtet, werden die nachfolgenden Denkprozesse zunehmend disziplinierter und nach einer Weile des *achtsamen Beobachtens* hören sie vollständig auf. Du „fängst" sozusagen den Gedanken oder das Gefühl *im Entstehen* auf und gestattest ihm nicht, vollständig aufzusteigen. Du schaust ihn direkt an und er löst sich auf im *Feuer der Gegenwärtigkeit!*

> *„Nichts in der Welt ist schwierig,*
> *es sind nur unsere Gedanken,*
> *welche den Dingen diesen Anschein geben."*
>
> (Arabische Weisheit)

Falls Du einem Gedanken gestattest, vollständig aufzusteigen, ohne ihn Dir bewusst zu machen, beginnen Deine „Probleme". Ein Gedanke jagt den nächsten und ein Kreislauf endloser Probleme entsteht, ein Kreislauf endloser Gedanken! Aber wenn Du nach Deinen Gedanken Ausschau hältst, entstehen *Stille* und *innere Freiheit* – Freiheit von Gedanken! Dieses Geheimnis musst Du in Dir selbst erkennen! Widme also den aufsteigenden Gedanken Deine Aufmerksamkeit!

> *„Die Aufmerksamkeit ist das Gedächtnis des Herzens."*
>
> (Französisches Sprichwort)

Je mehr wir Dinge, Menschen oder Situationen mit verbalen oder mentalen Etiketten versehen, umso hohler und lebloser wird unsere Wirklichkeit, und umso mehr stumpfen wir ab gegenüber dem *Wunder des Lebens*, das sich unaufhörlich in uns und um uns entfaltet. Auf diese Weise mögen wir zwar „schlauer" werden, aber die Weisheit geht uns verloren, ebenso wie Freude, Liebe, Kreativität und Lebendigkeit. Wissen kommt von *außen*, Weisheit von *innen!*

Dadurch, dass Du über das Mittel der achtsamen Beobachtung Deiner Gedanken und Gefühle diesen begegnest, fängst Du sie bereits im Entstehen auf und *transformierst* sie auf diese Weise in die Gegenwart. So beobachtest Du und denkst und fühlst gleichzeitig, ohne aber den Gedanken oder den Gefühlen nachzuhängen und in die Vergangenheit abzuschweifen, wie es sonst Dein normales Verhalten ist. Du bleibst somit im Modus der *achtsamen Aufmerksamkeit* und fest verankert in der Gegenwärtigkeit, die Du letztlich *bist*.
Die Geisteshaltung des *reinen und inneren Beobachtens* ist außerordentlich macht- und kraftvoll! Dein Leben wird, ohne die zahllosen Gedanken, sehr glatt und reibungslos verlaufen!

Probieren wir das Gesagte einfach mal praktisch aus – *jetzt!*
Das nun folgende kleine Experiment dient der *Ausweitung der Achtsamkeit:*

Du liest jetzt gerade diesen Text. Versuche, während Du ruhig weiterliest, wahrzunehmen, welche äußeren Eindrücke (Gegenstände, Menschen, Geräusche etc.) noch in Deinem augenblicklichen Bewusstsein erscheinen! Welche Dinge befinden sich z. B. noch in Deinem Gesichtsfeld neben diesen Zeilen, die Du gerade liest? Weite somit Deine Achtsamkeit aus, ohne dabei den Blick abzuwenden oder auf die Dinge in Deiner Umgebung direkt zu schauen. Lies also ruhig weiter, *ohne* die Augen auf andere Dinge zu richten, doch nimm diese Dinge trotzdem wahr. Du wirst bemerken, dass Du unbewusst viel mehr wahrnimmst, als das, worauf Du Dich konzentriert hast. Du kannst diese Erweiterung Deines „Blickgefühls" nun beibehalten und dennoch alles klar verstehen, was Du hier liest. Achte nun, ohne das Lesen aufzugeben, auf Deine Stimmung und Deine Gefühle. Bemerkst Du eine Veränderung, während Du Dein Blickfeld und Deine Wahrnehmung insgesamt beim Lesen ausweitest? Vielleicht bemerkst Du in diesem Moment, dass Du Dich auch irgendwie weiter fühlst und weniger eingeengt. Das ist eine erstaunliche und bemerkenswerte Tatsache. Offenbar „kleben" wir im Normalfall beim Lesen zu nah am Text und blenden dadurch sehr viel von dem uns umgebenden Raum aus. Wenn Du nun bemerkst, dass sich Dein Blick *während des Lesens* gleichsam ausweitet, öffnet, dass sich Dein Gefühl (ganz langsam, sanft und behutsam) mitausweitet, dann hat sich zugleich „Dein" Bewusstsein erweitert, Deine Wahrnehmung ausgedehnt und Du hast automatisch den *Kontakt zu Dir selbst* hergestellt.

Und noch etwas ist erstaunlich: Wenn Du ruhig weitergelesen und das, was im Text stand, auch tatsächlich nachvollzogen hast, dann konntest Du bemerken, dass Du auch *wacher, aufmerksamer, bewusster, gegenwärtiger* und *achtsamer* geworden bist durch dieses einfache Experiment. Wir können diese *Art von Wachheit* noch steigern. Lies ruhig und kontinuierlich weiter. Nun fühle während des Lesens Deine Augen. Du bemerkst vielleicht, wie Du die Augen bewegst, nicht ganz so kontinuierlich, wie man eigentlich meint. Die Augen fassen ganze Wortgruppen zu einer Einheit zusammen, bleiben vielleicht bei *diesem* Wort stehen (weil es hervorgehoben ist) usw. All dies kann Deine Achtsamkeit mitaufnehmen, ohne dass Du den Sinn des Gelesenen verfehlst. Weite nun Deine Achtsamkeit (ohne irgendetwas an Deiner Haltung zu verändern) auf Deinen *Atem* aus. Bemerkst Du, dass [wenn etwas in eckigen Klammern steht] Du den Rhythmus des Atems ganz leicht, kaum merklich dem Rhythmus der Sprache anpasst? Bemerkst Du, dass Du während des Lesens Deinen Rücken, Deine Füße oder Deine Hände gar nicht gespürt hast – jetzt aber spürst Du Deinen Rücken, Deine Füße, Deine Hände?

Dieses Experiment macht uns deutlich, dass wir schon jetzt, während wir dieses Buch lesen, den Weg zu uns selbst aufnehmen können und nicht warten müssen auf das Ende dieses Buches oder auf eine unbestimmte Zukunft, die uns mit Sicherheit nicht näher zu uns selbst führt. *Jetzt* ist genau der *richtige* Zeitpunkt!

Was haben wir gemeinsam, Leser und Autor, getan? Wir haben uns gemeinsam daran erinnert, dass wir *achtsam sind* und die Achtsamkeit durch sich selbst steigern und ausweiten können. Dies ist vielleicht ihre erstaunlichste Eigenschaft. Die Achtsamkeit wird umso stärker, je bewusster sie zum „Einsatz" kommt. Denn hinter dieser Achtsamkeit verbergen wir uns selbst, die Achtsamkeit ist *unsere Essenz*, ist das *Leben selbst*, ist der *wahrnehmende Beobachter*, der *stille Zeuge*, welcher sich *seiner selbst bewusst* wird.

Alle Lebensprozesse laufen unabhängig vom Denken ab und das ist nur gut so! Würde unser Denken für wenige Minuten nur die unbewussten Lebensvorgänge unseres Körpers steuern müssen, wären wir kurze Zeit später schon nicht mehr lebendig!

„Ich denke, also bin ich!" lautet der berühmte Ausspruch des Philosophen René Descartes. Aber auch ohne Denken existieren wir, und zwar oft erheblich besser als „nur" mit dem Denken! Richtiger heißt es also umgekehrt: *„Ich bin, also denke ich!"*

Deine Gedanken und Deine Gefühle kommen durch die Übung des Beobachtens langsam zur Ruhe, und durch diesen Prozess des aufmerksamen Beobachtens kehrt wiederum *Stille* in Dir ein. Wir sind weit mehr als unsere Gedanken – das Denken umfasst nur einen kleinen Teil unseres gesamten Seins.

„Alles Sichtbare ist nur ein Gleichnis."
(Johann Wolfgang von Goethe, 1749 – 1832)

Auch neurophysiologisch betrachtet tritt durch derartige Bewusstseinsübungen die ansonsten dominante *linke Gehirnhälfte* (hauptsächlicher Sitz des rationalen/analytischen Bewusstseins) zugunsten der sonst im Hintergrund arbeitenden und untergeordneten *rechten Gehirnhälfte* (hauptsächlicher Sitz des intuitiven/kreativen Bewusstseins) zurück. Die allgemein im Verborgenen liegenden Fähigkeiten der rechten Gehirnhälfte entwickeln sich mit der Übung des Beobachtens von Gedanken und Gefühlen zunehmend und dieser Prozess führt zum *Ausgleich* und damit zum *Gleichgewicht* zwischen beiden Gehirnhälften.

So kommt es auch auf der materiellen Ebene des Gehirns und unseres Daseins zu einem Ausgleich und Gleichgewicht des Lebens, denn Körper und Geist sind eine Einheit.

Zur Veranschaulichung der Funktionen der beiden Gehirnhälften dient folgende Übersicht, die natürlich auch nur ein duales Denkmodell ist und nicht die Wirklichkeit selbst darstellt:

Die Gehirnhälften und ihre Funktionen:

links	rechts
verbal	nonverbal
Sprache (begriffliches Denken)	Phantasie (bildhaftes Denken)
Analyse	Intuition
Wahrnehmung von Details	Raumwahrnehmung
kontrolliert	emotional
ordnend (zählen, rechnen)	musikalisch
lesen, schreiben	erinnert Formen und Gesichter
Logik (Einzelheiten)	Ganzheit (Gesamtbild)
Angst und Bedürfnis nach äußeren Sicherheiten	Vertrauen ins Leben
Vergangenheit und Zukunft	Gegenwart
Haben	Sein

Insbesondere durch diese zweite Übung, aber auch durch die anderen Übungen in diesem Buch, *integrieren* wir beide Gehirnhälften zur *Einheit des Lebens*.

Für diese Übung muss man ein gewisses Maß an Gegenwärtigkeit aufbringen. Wenn Dein Geist zu unbewusst, träge oder bequem ist zum Beobachten, wird diese Übung zunächst einmal keine Früchte tragen.

Falls Du bemerkst, dass Du für diese Übung der Gedankenbeobachtung nicht die notwendige Gegenwärtigkeit aufbringen kannst, versuche es lieber zunächst mit den anderen Übungen in diesem Buch. Denn so einfach das Beobachten von Gedanken und Gefühlen an sich auch ist, so schwer ist es zu Beginn für den stark konditionierten Verstandesmenschen unserer Zeit, ohne jegliches Urteil das Leben einfach nur zu beobachten.

Mit der Zeit wirst Du Dich bei beharrlicher Übung aus der Lethargie Deiner abgestumpften Gewohnheiten herausreißen, und Energie und Begeisterung werden durch das stille Beobachten Deiner Gedankeninhalte stark zunehmen.

Immer mehr erkennen wir nun die Fähigkeit in uns, in unserem inneren Sein zu ruhen ohne Gedanken und Gefühle. Wir erkennen schließlich, dass wir in der Tiefe unseres Seins eins sind mit dem Leben und es nur *eine Kraft* in uns gibt. Wenn das Denken zur Ruhe kommt, erkennen wir, dass an sich nichts gut oder böse ist, sondern unser Denken es erst dazu macht. Eine gut funktionierende Möglichkeit, das Karussell des menschlichen Denkens anzuhalten, besteht auch darin, einen Menschen oder einen Zustand einfach anzusehen und dabei zu wissen, dass er weder gut noch böse ist. Augenblicklich hält das Denken an und der Geist wird ruhig. Damit sind wir automatisch wieder im Mittelpunkt unseres Wesens, wo alle Kraft liegt. Wenn wir also die Vorstellungen von Gut und Böse aufgeben, indem wir unser Denken hinter uns lassen durch die reine Beobachtung unserer Gedanken und Gefühle, wird unser Geist still.

> *„Wer da sagt: schön, schafft zugleich: unschön.*
> *Wer da sagt: gut, schafft zugleich: ungut.*
> *Bestehen bedingt Nichtbestehen.*
> *Verworren bedingt einfach.*
> *Hoch bedingt nieder.*
> *Laut bedingt leise.*
> *Bedingt bedingt unbedingt.*
> *Jetzt bedingt einst.*
> *Also der Erwachte:*
> *Er wirkt, ohne zu werken.*
> *Er sagt, ohne zu reden.*
> *Er trägt alle Dinge in sich zur Einheit beschlossen.*
> *Er erzeugt, doch besitzt nicht.*
> *Er vollendet Leben, beansprucht nicht Erfolg.*
> *Weil er nicht beansprucht, erleidet er nie Verlust."*
>
> (Laotse, 6. Jh. v. Chr., aus: Tao Te King)

Zu Anfang dieser Übung wirst Du noch oft in die alten Denkmuster und -gewohnheiten zurückfallen.

Mit gleichbleibender Ausdauer in Deiner Übung des achtsamen Beobachtens kehrt zunehmend Ruhe ein in Deinem Geist, er wird klarer, leistungsfähiger und vor allem empfänglicher für die leise Stimme der Inspiration, die von jenseits der Zeit und des Denkens in Dir aufsteigt.

Auf diese Weise kannst Du nach und nach vollkommen in der Gegenwart leben. Es ist einzig eine Frage der *Konsequenz*, mit der Du Deine eigene Trägheit überwindest und mit dem *wachsamen Beobachten* in Deinem Leben *dauerhaft* fortfährst.

Das Beobachten gehört zu unserer *ureigensten Natur*, ja wir *sind* letztendlich das achtsame Beobachten!

Beobachtung, Achtsamkeit oder wie man es auch nennt, erfordern keinerlei Mühe oder Anstrengung. Doch es gehört Mühe dazu, einen oder mehrere Gedanken zu verfolgen, also geistig aktiv zu sein. Sei einfach da – Beobachtung geschieht sowieso in jedem Fall! Wenn ich jedoch *denkend reflektiere* über meine Wahrnehmungen, dann trenne ich mich von dem beobachtenden Beobachter, der ich bin. Ich trenne mich also *von mir selbst!*

Ich kann z. B. während eines Waldspaziergangs versuchen, alles um mich herum zu analysieren, welche Bäume kann ich erkennen, wie heißen sie, welche Vögel kann ich hören, welche Farben haben die Blätter der Bäume usw.

Ich kann aber auch einfach durch den Wald gehen, den ganzen Wald in seiner Einheit aufmerksam betrachten, beobachten, achtsam und gegenwärtig sein und die Atmosphäre des Waldes in mich aufnehmen. Das erfordert nicht die geringste Anstrengung meines Bewusstseins – ich betrachte einfach *das Ganze*.

Durch diese *zweite* Art, durch das Leben zu gehen, breitet sich eine wohltuende Gelassenheit in meinem Dasein aus.

„Wir sind mit dem Unsichtbaren mehr verbunden als mit dem Sichtbaren."

(Novalis, 1772 – 1801)

Falls wir dem analytischen Denken den Vorzug geben vor dem reinen Schauen und Beobachten der äußeren Dinge, werden wir immer einen Gedanken haben, der den nächsten jagt, und auf diese Weise halten wir an unseren Gedanken und Gefühlen fest und spalten uns dadurch von der *Ganzheit des Lebens* ab, welche wir *sind!* Dann entgeht uns das natürliche, freie Bewusstsein der Beobachtung unserer selbst und wir *verlieren* uns immer weiter in der äußeren Welt. Schaffen wir es aber, jedwede Gedanken und Gefühle durch das reine Beobachten hinter uns zu lassen, werden wir still. Diese *Stille* ist etwas sehr *Natürliches,* etwas sehr *Einfaches* und etwas sehr *Schönes*. In dieser Stille fühlt man nichts Besonderes oder Außergewöhnliches, aber diese Stille *sind* wir selbst!

Im Osten gibt es das schöne Bild von den Wellen und dem Ozean. Die Wellen sind die Gefühle oder Gedanken. Der Ozean repräsentiert das universale Bewusstsein, das *eine* Leben, die *Quelle* oder *Essenz allen Seins* auf Erden. Taucht man tiefer hinab in diesen Ozean, gibt es dort keine Wellen mehr, nur Wasser, und dort unten ist *Ruhe*, dort ist die *gedanken- und gefühlsfreie Stille*.

*"Kostbare Stille. Lied vom Ausruhn und
Werden, sich finden und sein."*

(Else Pannek, geb. 1932)

Sobald wir aufgehört haben, uns auf unsere Gedanken und Gefühle zu konzentrieren und diese loslassen, breitet sich tiefer Frieden in uns aus, der Friede, der den Verstand übersteigt!

Ein bislang verborgen gebliebenes Empfinden von *innerer Souveränität* steigt in uns auf und weitet sich auf unser Leben aus. Wir empfinden zunehmend ein immer tieferes Gefühl von Glück, ohne einen Grund dafür zu erkennen. Wenn wir einen Grund für dieses Glücksgefühl suchen, finden wir ihn nur in der *tiefen Lebendigkeit unseres Seins* an sich, der *letzten Tiefe in uns*, dem *Urgrund des Lebens!* Auf einmal ist uns dieser *Ur-Grund des Lebens* in der eigenen Tiefe des Seins Grund genug, glücklich zu sein!

3. Übung:

Die Stille und die Weite des Raums in Dir erfahren

„Ton wird zu einem Krug geformt,
doch die Leere darin ist es,
die alles umfasst, was wir brauchen."

(Laotse, 6. Jh. v. Chr., aus: Tao Te King)

Der Verlauf der 3. Übung:

Wenn Du schon Erfahrungen mit den ersten beiden Übungen gemacht haben solltest, dann hattest Du bereits einen ersten Kontakt zu der Stille in Dir, dem unendlich weiten Raum in Deinem Inneren.

„Die größte Offenbarung ist die Stille."

(Laotse, 6. Jh. v. Chr.)

„Je stiller Du bist, desto mehr kannst Du hören."

(Chinesisches Sprichwort)

„Das Ohr ist der Weg zum Herzen."

(Französisches Sprichwort)

Durch diese 3. Übung werden wir *direkt* zur Stille Kontakt aufnehmen. Die innere Stille in Dir ist das *Gegenstück* zur äußeren Stille. Daher ist es zu Anfang der Übung hilfreich, ruhige Bedingungen im Äußeren zu schaffen. Später dann kannst Du mit einiger Übung selbst im Großstadtlärm die innere Stille finden. Suche Dir also zu Beginn einen ruhigen Ort, an dem Du möglichst nicht gestört werden kannst. Von dort aus kann die *Reise in den inneren Raum* beginnen. *Innere Stille* ist die Bedingung dafür, dass wir in Kontakt treten mit unserem *wahren* Sein.

„Geh Deinen Weg ruhig mitten in Lärm und Hast und wisse, welchen Frieden die Stille schenken mag."

(Altirischer Segenswunsch)

Wir müssen die äußere Hektik des Alltags loslassen, um mit unserer *inneren Wahrnehmung* in die Dimension des Seins einzutreten. Ständig verlieren wir uns in der Welt der Formen und büßen dadurch zuverlässig den Kontakt zu uns selbst ein. Das innere Selbstgefühl, die innere Instanz in Dir, das Gefühl dessen, der Du bist, ist untrennbar mit der *Stille* verbunden. Dein wahres Wesen *ist* diese Stille, dieser *innere Raum* oder das *Gewahrsein*, in dem alle äußeren Dinge wahrgenommen und zu Gedanken und Gefühlen werden.

> *„Am Baum des Schweigens hängt eine Frucht:*
> *der Friede."*
>
> (Arabisches Sprichwort)

> *„Einmal schweigen, neunmal glücklich."*
>
> (Vietnamesisches Sprichwort)

> *„In der Stille spürt man den Atem Gottes."*
>
> (Unbekannt)

Wann immer um Dich herum eine äußere Stille herrscht, hast Du die Gelegenheit, auf diese Stille zu lauschen. Dieses Lauschen eröffnet Dir die *Dimension der inneren Stille* in Dir selbst. In dem Augenblick, wenn Du die Stille wahrnimmst, bist Du wieder vom Strom Deiner Gedanken befreit – Du bist reines Bewusstsein, aber Du denkst nicht. Ein Gefühl der Präsenz und innerer Wachsamkeit breitet sich in Dir aus. Damit einher geht ein *Gefühl räumlicher Weite* in Dir selbst und Du dringst in tiefere Seinsebenen ein.

> *„Wer das Ewige kennt, hat Raum für alles in sich."*
>
> (Laotse, 6. Jh. v. Chr., aus: Tao Te King)

Die *äußere* Stille ist zwar hilfreich, um die *innere* Stille zu finden, aber nicht unbedingt notwendig. Bei zunehmender Erfahrung mit dieser Übung kannst Du auch der Stille hinter dem Lärm der Welt gewahr werden, dem *inneren Raum reiner Bewusstheit*.

> *„Die Stille ist nicht auf den Gipfeln der Berge,*
> *der Lärm nicht auf den Märkten der Städte,*
> *beides ist in den Herzen der Menschen."*
>
> (Indische Weisheit)

Achte z. B. auf den Raum zwischen den Worten anderer Menschen oder auf Pausen zwischen Deinen Gedanken. Überall findest Du die Stille, wenn Du achtsam lauschst.

> *„Wer redet, sät. Wer hört, erntet."*
>
> (Argentinisches Sprichwort)

Der Sinn dieser 3. Übung:

Von dem indischen Weisen *Ramana Maharshi (1879 – 1950)* stammen folgende Worte:

> *„Um das Selbst zu verwirklichen,*
> *brauchst Du nur still zu sein.*
> *Was könnte leichter sein als das?"*

Still sein verlangt von Dir das *Einverständnis*, den Weg nach *innen* zu Dir selbst zu gehen und damit die Bereitschaft, *weise* zu sein. Weisheit stellt sich mit der Fähigkeit ein, *still* zu sein.

 „In der Stille spricht die Seele am lautesten."

(Unbekannt)

In der Stille kommt der Verstand zur Ruhe. Stille ist reines Gewahrsein, reine *Gegenwärtigkeit*, reines Sein in seiner tiefsten Dimension. Aus dieser Stille erwächst die Kraft, mit der Du Dein Leben meisterst. Der Kontakt zur Stille bringt Dich in den Zustand tiefen Friedens und weckt in Dir die Fähigkeit zur *wahren Liebe*. Denn wahre Liebe ist immer verbunden mit Deinem Wesenskern und hat überhaupt nichts zu tun mit den oberflächlichen Ausdrucksformen der Liebe, die wir im Allgemeinen für die Liebe halten. Sei einfach nur die Stille – der beste Weg ist also, *still* zu sein!

Abschließend einige Zitate, die sehr schön den *essenziellen Wert* der Stille beschreiben:

 „Erst so ihr trinket aus dem Flusse des Schweigens, werdet ihr wahrhaft singen."

(Kahlil Gibran, 1883 – 1931)

 „Große Dinge sprechen sich am besten durch Schweigen aus."

(Polnisches Sprichwort)

 „Die am meisten lieben, sprechen am wenigsten."

(Schottisches Sprichwort)

„In der vollkommenen Stille hört man die ganze Welt."
(Kurt Tucholsky, 1890 – 1935)

„Wenn alles still ist, geschieht am meisten."
(Søren Kierkegaard, 1813 – 1855)

*„Wer die Stille nicht erträgt, erträgt
auch nicht sich selbst."*
(Anke Maggauer-Kirsche, geb. 1948)

„Wer die Stille ertragen kann, ist niemals allein."
(Unbekannt)

*„Die Stille stellt keine Fragen, aber sie kann uns
auf alles eine Antwort geben."*
(Ernst Ferstl, geb. 1955)

„Der Weg zu allem Großen geht durch die Stille."
(Friedrich Nietzsche, 1844 – 1900)

„Aus der Stille kommt die Kraft zum Kampf."
(Mahatma Gandhi, 1869 – 1948)

*„Still sitzen – nichts tun.
Der Frühling kommt, das Gras wächst."*
(Aus dem Zen-Buddhismus)

„Sei still und wisse – ich bin GOTT."
(Psalm 46,11)

4. Übung:
Den inneren Körper spüren

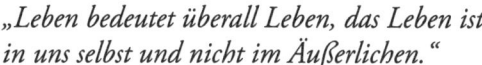
„*Leben bedeutet überall Leben, das Leben ist in uns selbst und nicht im Äußerlichen.*"

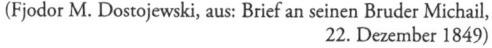
(Fjodor M. Dostojewski, aus: Brief an seinen Bruder Michail, 22. Dezember 1849)

Der Verlauf der 4. Übung:

Jeder Mensch hat ein spezifisches Körperbewusstsein. Wenn Du jetzt spontan in Deinen Körper hineinfühlst, erwacht dieses Bewusstsein langsam in Dir. Doch meistens spüren wir zunächst nicht sehr viel davon.

Den meisten Erwachsenen fehlt regelrecht das Bewusstsein ihres eigenen Körpers seit der frühen Kindheit. Wir mögen uns noch so elegant bewegen im Alltag, doch alle diese Bewegungen sind seit langem automatisiert und unbewusst. Irgendwann damals haben wir unseren Körper vergessen. Kleine Kinder sind dagegen oft noch stark *verankert* in ihrem Körperbewusstsein, auch wenn ihre Bewegungen noch eher grobmotorisch sind. Die meisten erwachsenen Menschen spüren, wenn überhaupt, nur noch den oberen Teil ihres Körpers, da sich ihr Körperbewusstsein durch die *frühe Betonung der Denk- und Analysevorgänge* spätestens seit der Schulzeit dort konzentriert hat.

Durch die Übung, den inneren Körper zu spüren, entdecken wir schrittweise unseren Körper und nehmen ihn durch unsere körperliche Wahrnehmung wie ein Territorium nach und nach wieder in Besitz. Dieser Bewusstseinsvorgang erfordert wiederum Übung und Erfahrung und zu Beginn ist es den meisten Menschen lediglich möglich, sich *einzelne* Körperteile *innerlich bewusst* zu machen.

Probiere es am besten *jetzt* aus! Fühle in Deinen Körper! *Was* spürst Du *wo*? Du wendest also Deinen Blick wieder nach *innen* und spürst z. B. Deine Hände, ohne dass sich die

Finger bewegen oder untereinander berühren. Hilfreich ist es zu Anfang, die Augen dabei zu schließen. Nach und nach spürst Du dann Deinen Körper auch in seiner Ganzheit und Dein *Eingebettetsein* in die Einheit des Lebens. Immer mehr lösen sich dann die inneren Verspannungen in Dir, Du empfindest zunehmend die *Leichtigkeit des Seins* und spürst die *einfache Freude am Dasein* im Hier und Jetzt.

> *„Nenn's Glück, Herz, Liebe, Gott!*
> *Gefühl ist alles; Name ist Schall und Rauch."*
>
> (Johann Wolfgang von Goethe, 1749 – 1832)

Später beherrschst Du diese Übung genauso gut mit offenen Augen in jeder Situation Deines Lebens. Du lenkst somit Dein Bewusstsein von Dir selbst von *innen* her auf Deine Hände, auf Deine Füße und schließlich auf Deinen gesamten Körper. Mit etwas Übung empfindest Du nach einer gewissen Zeit eine *deutliche Zunahme* des Gefühls der Lebendigkeit. Du *bist* dieses Leben, das Du gerade spürst!

> *„Es gibt nur einen Tempel in der Welt*
> *und das ist der menschliche Körper."*
>
> (Novalis, 1772 – 1801)

Der Sinn dieser 4. Übung:

Der Körper ist das Tor zur Seele, der Tempel des Bewusstseins! Achte gut auf Deinen Körper, denn er ist das kostbarste Geschenk, das die Natur Dir geben kann! Und dieser Körper dient Dir auch dazu, Dich selbst zu erkennen! Durch die Übung, den inneren Körper zu spüren, wird Dir nach und nach bewusst, dass Dein Körper voller Leben ist und jede Körperzelle sich freut, wenn Du ihr auf diese Weise Beachtung schenkst. Mit der Zeit erweitert sich spielerisch Dein Körperbewusstsein und damit Deine eigene *Lebendigkeit*. Das Gefühl, den eigenen Körper wieder zu spüren, kann sehr *beglückend* sein.

Das Bewusstsein von Dir, welches sich bislang fast ausschließlich in Deinem Kopf befand, dehnt sich langsam auf Deinen gesamten Körper aus und wird vom oberen Teil Deines Körpers abgezogen. Automatisch verlangsamen sich Deine Denkvorgänge und paradoxerweise führt diese Entwicklung zu einem verbesserten und klareren Denkvermögen. Eine *Weite* breitet sich in Dir aus. Zu Beginn spürst Du vielleicht kaum eine Veränderung, aber bleibe beharrlich und unbeirrt bei Deiner Übung und sie wird Früchte tragen.

Viele Praktizierende berichten, dass sie sich durch diese Übung oft tiefer Verspannungen in ihrem Körper erst *bewusst* geworden sind, die ihnen zuvor *unbewusst* waren. Falls Dir derartige Verspannungen hierbei bewusst werden sollten, z. B. im Bereich Deiner Schultern, wende Dich nicht davon ab, sondern *spüre* in Deine muskulären Verspannungen *hinein*. Dann werden diese Körperblockaden mittels

Deiner Aufmerksamkeit und Deiner Bewusstheit langsam und sicher verschwinden.

Diese körperlichen Verspannungen sind letztlich sich körperlich manifestierende Ängste, d. h. Ängste, die sich durch Deinen Körper Ausdruck verschaffen. Wie wir bereits gesehen haben, sind Ängste und Verlangen immer auf die Zukunft gerichtet, ohne Zukunft haben sie keine Überlebenschance. Durch die Übung zentrierst Du Dich aber in der Gegenwart – Ängste und Verlangen lösen sich dort im *ewigen Hier und Jetzt* auf und damit auch Deine Verspannungen.

Je größer die Verspannungen, desto größer sind auch die Ängste in Dir und desto weniger Raum ist vorhanden für das Leben, denn die Angst und das Leben sind Gegenspieler! Das Leben hingegen kann sich nur in der Gegenwart entfalten und erblühen, wo Angst und Verlangen keinen Platz finden!

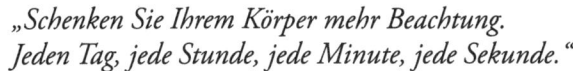

„Schenken Sie Ihrem Körper mehr Beachtung.
Jeden Tag, jede Stunde, jede Minute, jede Sekunde."
(Bruno Gröning, 1906 – 1959)

Je mehr Dein Körperbewusstsein sich auf Deinen gesamten Körper ausweitet, desto lebendiger fühlst Du Dich und desto mehr befindest Du Dich in der Gegenwart jenseits von Vergangenheit und Zukunft und damit *jenseits des Denkens*. Du spürst das Leben selbst in Dir, während sich Deine muskulären Verspannungen immer mehr lösen durch Deine *Achtsamkeit* für Deinen Körper – *mehr* ist wiederum nicht nötig!

Du spürst also immer tiefer in Deinen Körper hinein und nimmst dadurch immer mehr am Leben teil. Die Lebendigkeit in Dir breitet sich aus und zugleich nimmt die Tiefe Deines Erlebens und damit Deine *Erlebensfähigkeit* zu. Du spürst fortan das Leben *direkt* ohne den Filter der ständigen Gedanken, welcher Dir bislang einen direkten Zugang zum Leben verwehrt hat. Du erwachst zu *neuem Leben!*

Mache Dich also auf und entdecke das Leben, welches in Dir pulsiert, das Du *bist!*
    Lerne Dich auf diese Weise neu kennen und *genieße* die *Lebendigkeit* Deines Seins!

> *„Die wichtigste Stunde ist immer die Gegenwart,*
> *der bedeutendste Mensch ist immer der,*
> *der Dir gerade gegenübersitzt,*
> *das notwendigste Werk ist stets die Liebe."*
>
> (Meister Eckhart, 1260 – 1328)

Dem nächsten Menschen, den Du triffst, begegne bitte auf diese Weise, indem Du die Lebendigkeit Deines inneren Körpers spürst, während Du mit ihm zusammen bist. Die Qualität dieses Treffens wird sich unglaublich vergrößern, Du wirst ihm – vielleicht zum ersten Mal – wirklich zuhören können und im wahrsten Sinne des Wortes *„mit ihm sein"!* Durch diese Vertiefung der Seins-Ebene wird eine Art *„Liebesbeziehung"* zwischen Euch offenbar, die sonst durch die Betonung der äußeren Umstände stets verdeckt war. Plötzlich fließt das Leben, ja die Liebe zwischen Euch und der andere wird sich dadurch angenommen, ja von Dir *geliebt* fühlen!

„In jedem Menschen kann mir Gott erscheinen."

(Novalis, 1772 – 1801)

Die Übung, den inneren Körper zu spüren, führt Dich auf körperlicher Ebene zu Dir selbst, denn Dein Körper ist der *Ausdruck* Deines formlosen Seins. Insofern *bist* Du Dein Körper und findest durch die Ausweitung Deines Körperbewusstseins direkt zu Dir selbst. Körper und Geist sind die beiden Seiten *derselben* Münze, es gibt keine wirkliche Trennung zwischen ihnen, sie sind letztendlich eins.

 „Alles zu beleben ist der Zweck des Lebens."

(Novalis, 1772 – 1801)

5. Übung:
Die Hingabe an das Sein

„*Es gibt nur einen Weg zum Glück und der bedeutet, aufzuhören mit der Sorge um Dinge, die jenseits der Grenzen unseres Einflussvermögens liegen.*"

Epiktet (50 – 138 n. Chr.)

Der Verlauf der 5. Übung:

Gib Dich Deiner jetzigen Lebenssituation hin und mache dieses *Jetzt* zu Deinem Freund! Umarme Deine gegenwärtige Situation nur für *diesen* Augenblick – *mehr ist nicht nötig* – und nimm Dich, Dein lebendiges Sein, darin *vorbehaltlos* an, auch wenn die Lebensumstände an der Oberfläche Deines Daseins noch so schlimm erscheinen!

Gehe tiefer und gib Dich dem Leben hin!

Sage „*Ja*" zum Leben und liebe, was ist! Es ist, wie es ist!

 „Das muss man lieben, was ist."

(Ungarisches Sprichwort)

Es ist Deine Entscheidung! Gib Dich dem *Sein*, der *Bewusstheit* und der *Glückseligkeit* hin. Denn Dein Sein *ist* Schönheit, Bewusstheit und Liebe!

Der Sinn dieser 5. Übung:

Mit zunehmender Lebenserfahrung erkennen wir, dass das Leben nicht immer so verläuft, wie wir es gern hätten! Je älter der Mensch wird, desto mehr wird sein äußeres Leben geprägt von Lebenskrisen und Schicksalsschlägen. Je mehr wir mit unserem Eigenwillen unser Leben bestimmen wollen, um selbst der „Steuermann" unseres Lebens zu sein, desto häufiger erkennen wir schließlich, dass für uns nicht alles machbar ist, trotz *besten Willens*. Das Leben hat häufig andere Pläne mit uns, die wir jedoch mit unserem begrenzten Verstand niemals werden verstehen können.

> *„Wenn Gott Dir eine Tür zuschlägt,*
> *öffnet er Dir ein Fenster."*
>
> (Russisches Sprichwort)

Die Weisen aller Zeiten haben den Menschen vorgelebt und empfohlen, sich vom Leben tragen zu lassen und einverstanden zu sein mit dem, was der Mensch vorfindet im Leben. Diese *Hingabe an das Sein* ist wohl die schwerste Übung in diesem Buch, aber auch eine der effektivsten zum Erreichen von *dauerhaftem innerem Frieden*.

> *„Das was ist, ist."*
>
> (William Shakespeare, 1564 – 1616)

Es ist, wie es ist, aber der Verstand flieht allzu gern in die *Zukunft* und erhofft sich dort bessere Lebensumstände. Oder er flieht in die *Vergangenheit* und stellt fest, wie schön das Leben damals vor dem Eintritt bestimmter Ereignisse doch war. Doch im Moment ist das Leben eben so, wie es ist und jeglicher *innerer Widerstand* führt nur zu größerem Leid, weil Widerstand ein Aufbegehren gegen den Ist-Zustand und damit *gegen das Leben selbst* darstellt.

> *„Was man haben will, soll man erst*
> *einmal laufen lassen."*
>
> (Chinesisches Sprichwort)

Solange diese inneren Widerstände in uns sind, stecken wir fest in unserer Lebenssituation und das Leben kann sich nicht harmonisch entfalten.
Mit dem „Nein" zum Leben fliehen wir aus der *Gegenwart unseres Seins* in die Vergangenheit oder die Zukunft und damit wenden wir dem Leben den Rücken zu! Wir sollten jedoch das Leben zu einem Freund machen, indem wir innerlich loslassen.

Erst wenn wir die inneren Widerstände abbauen können, besteht die Möglichkeit für das Leben in uns, wieder in Fluss zu kommen und sich damit zu verändern. Ob diese Veränderung immer unseren Vorstellungen vom Leben entspricht, steht auf einem ganz anderen Blatt. Der Mensch mit großen inneren Widerständen bleibt auf alle Fälle oft jahrelang stecken in ausweglosen Situationen und merkt nicht, dass ein einfaches *Einverstandensein* mit der Situation diese bereits zu verändern imstande ist. Diese Hingabe an das Sein ist ein *Loslassen* aller gedanklichen Vorstellungen, wie eine Situation zu sein hat, und führt auf dem direkten Weg zu innerem Frieden. Es ist das ständige Kämpfen und Ringen mit uns selbst, das uns von unserer *wahren Natur* entfernt.

Gib für *einen Moment* die Suche auf und gib Dich dem eigenen Sein hin – dadurch wirst Du zu Dir selbst finden! Sei Dir jenes Zustandes bewusst, der einfach nur *Sein* ist, ohne dieses oder jenes zu sein!

Du hast von Ort zu Ort danach gesucht und hast es nicht gefunden, weil es in Dir, in Deinem Herzen selbst gelegen ist! Nur hier hast Du nicht gesucht.

*„Dein Blick wird erst klar, wenn Du in
Dein eigenes Herz schaust.
Wer nach außen schaut, träumt.
Wer nach innen schaut, erwacht."*

(Carl Gustav Jung, 1875 – 1961)

Sehr schnell wird sich das äußere Leben verändern, denn die Lebensenergie fließt einfach besser, wenn die inneren Widerstände möglichst klein sind.

Bereits der *Akt des Akzeptierens* Deiner Lebensumstände macht den Weg frei für die *Liebe zum Leben selbst*.

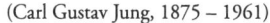
„Die Last, die man liebt, ist nur halb so schwer."

(Französisches Sprichwort)

Die *Übung der Hingabe an das Sein* baut also nach und nach Deine inneren Widerstände gegen das Leben ab, die Du im Laufe Deines Lebens durch die *Überbewertung der Verstandeskräfte* aufgebaut hast! Sie führt Dich über den Weg der Akzeptanz zum Empfinden der Liebe, die Du ja in Wirklichkeit *bist!*

Du entdeckst, dass Du oder die Liebe in Dir Raum benötigt, und mit zunehmender Übung erkennst Du, dass das *„Ja"* zum *Leben* auch ein *„Ja"* zur *Liebe* bedeutet! Oft schaltet sich dann zwischendurch der Verstand ein und sagt „Nein!

Das geht doch gar nicht, ich kann doch nicht *alles* lieben, das ganze Leid in der Welt, die Ungerechtigkeiten im Leben, das so genannte ‚Böse' schlechthin, das mir begegnet; wer alles liebt, ist doch letztlich der ‚Dumme', den das Leben bestraft!" Soweit Dein konditionierter Verstand!

Gib Dich trotz dieser Bedenken dem Sein hin, vertraue und liebe „ohne Verstand" alles, was ist!

Sei *einverstanden* mit dem Leben, so wie es sich im Augenblick zeigt, auch in so genannten „schlechten Zeiten", darin besteht die *hohe Kunst der Liebe!* Denn in „guten Zeiten" fällt es allen Menschen leicht zu lieben. Gib Dich gerade in „schlechten Zeiten" *über die Vernunft hinaus* dem Leben und dem Gefühl der Liebe hin, die Du ja im Innersten bist.

> *„Das Glück erkennt man nicht mit dem Kopf, sondern mit dem Herzen."*
>
> (Norwegisches Sprichwort)

Schmerz und Freude werden immer wieder auftauchen in Deiner Existenz auf Erden, doch lass Dich nicht von ihnen beherrschen! Nur ein Mensch, der Schmerz und Freude *gleichermaßen* annimmt, kann auf Dauer glücklich sein. Sei also immer nur der, *der du bist*, in „guten" wie in „schlechten" Zeiten!

Wenn Du liebst, bist Du in Kontakt zu Deinem Sein. Der Verstand sagt „Nein", die Liebe sagt „Ja". Denn die Liebe ist das bedingungslose „JA!" zum Leben!

*„Je größer die Liebe, desto
weiter und mannigfacher ist die Welt."*

(Novalis, 1772 – 1801)

*„Die Liebe gleicht einem Ring
und ein Ring hat kein Ende."*

(Brasilianisches Sprichwort)

„Wer ohne Liebe lebt, ist lebendig tot."

(Deutsches Sprichwort)

6. Übung:
Das Sehen nach *innen*

*„Die Toren leugnen, was sie sehen,
aber nicht das, was sie denken.
Die Weisen verwerfen das, was sie denken,
aber nicht das, was sie sehen."*

(Huang-Po, chinesischer Zen-Meister, 770 – 850 n. Chr.)

„Das gesamte Leben ist in dem Verb ‚sehen' enthalten."

(Pierre Teilhard de Chardin, 1881 – 1955)

Der Verlauf der 6. Übung:

Setze Dich still an einen ruhigen Ort und schaue Dir Deine Umgebung an. Sei Dir dabei des Sehvorgangs bewusst, sei der *objektiv wahrnehmende Beobachter*. Versuche nicht zu werten, nichts zu verändern, lasse alles so, wie es ist, und betrachte das Äußere *unmittelbar*.

Während Du auf diese Weise im Außen verharrst, bemerkst Du irgendwann, dass da etwas *in* Dir ist, das die äußeren Dinge betrachtet. In dem Moment, in dem Du Dir dieses *inneren Sehers* bewusst wirst, hast Du Deine Sichtweise schon um 180 Grad gewendet und schaust nach *innen* auf Dich selbst. Obwohl Du weiterhin mit Deinen Sinnen die Welt um dich herum gleichzeitig wahrnehmen kannst, ändert sich die *Qualität* und *Tiefe* Deiner Wahrnehmung.

So paradox es auch klingen mag: Du kannst gleichzeitig Deinen Blick nach außen *und* nach innen wenden! Durch diese Art des Sehens vertieft sich die *Qualität Deiner Wahrnehmung deutlich* und zugleich empfindest Du wieder diese *Weite* und *Stille* in Dir. Dieses *Sehen nach innen* geschieht weniger mit den Augen, sondern vielmehr mit dem *Herzen!*

 „Man sieht nur mit dem Herzen gut."

(Antoine de Saint-Exupéry, 1900 – 1944)

Dein *Raumbewusstsein* vergrößert sich mit zunehmender Übung und Erfahrung mit dieser Sichtweise.

Man könnte sagen: Je weniger wir denken, desto mehr dehnt sich unser Bewusstsein in uns aus, und je mehr sich unser Bewusstsein ausdehnt, desto weniger denken wir, desto mehr *sind* wir!

Alles besteht aus *Raum* und *Objekten* darin! Wir nehmen in der Regel nur die Objekte wahr, nicht den Raum dazwischen. Aber ohne den Raum *gäbe* es die Objekte darin gar nicht!

Das Sein des Nichts
Dreißig Speichen treffen die Narbe,
die Leere dazwischen macht das Rad.
Lehm formt der Töpfer zu Gefäßen,
die Leere darinnen macht das Gefäß.
Fenster und Türen bricht man in Mauern,
die Leere damitten macht die Behausung.
Das Sichtbare bildet die Form eines Werkes,

das Nicht-Sichtbare macht seinen Wert aus.

(Laotse, 6 Jh. v. Chr., aus: Tao Te King)

Ohne die weiße Buchseite könnten wir die schwarzen Buchstaben gar nicht wahrnehmen, ohne die Leinwand den Film gar nicht sehen und ohne unser Bewusstsein könnten wir auch unser äußeres Leben überhaupt nicht *wahrnehmen!* Das heißt, unser Bewusstsein *ermöglicht* uns erst unsere Existenz – es ruht formlos in uns als *stiller Beobachter* des Lebensgeschehens. Und genau *das* sind wir: der *stille Zeuge des Lebens*, noch bevor unser Denken sich einschaltet und die Identifikation mit den Objekten beginnt.

Nach einer gewissen Zeit der Übung spürst Du, dass es in Wahrheit keine Trennung zwischen Außen und Innen gibt, nur Dein analytischer Verstand schafft die Trennung und trennt Dich somit von der Lebendigkeit Deines Daseins. Dadurch, dass Du Deinen Blick gleichzeitig nach *außen und nach innen* wendest, fühlst Du mit der Zeit immer mehr die Einheit allen Seins und empfindest jegliche Trennung als Illusion. Deine Wahrnehmungen werden immer harmonischer, klarer und tiefer und Deine Bewusstheit nimmt deutlich zu.

 „Weisheit ist Harmonie."

(Novalis, 1772 – 1801)

Interessant in diesem Zusammenhang ist nun Folgendes:

Je *mehr* wir ein Bewusstsein von Raum in uns entwickeln, desto *weniger schnell* vergeht die Zeit in subjektiver Hinsicht. Und umgekehrt gilt: Je *weniger* wir in der Lage sind, dieses Raumbewusstsein zu entwickeln, desto *schneller* vergeht die Zeit in unserer Wahrnehmung der Lebensumstände an der Oberfläche unseres Daseins.

So kann uns die Entdeckung von *Raum*, *Weite* und *Stille* in uns zu *zeitlosem, ewigem Leben* führen.

Das *größte Wunder* ist die Erfahrung Deines wahren Ursprungs *vor* allen Worten, Gedanken und Bildern!

Der Sinn dieser 6. Übung:

Durch das Sehen nach *innen* überwindest Du die Trennung und empfindest immer mehr das Gefühl der *Einheit allen Lebens*. Dieses *eine* Leben hat sich auch in Dir verkörpert und drückt sich durch Dich aus. Je mehr Du diese

Tatsache empfindest, desto harmonischer kann das Leben durch Dich in Erscheinung treten und seinen bestimmungsgemäßen Ausdruck finden.

Durch diese wirksame Übung wirst Du Dir der Instanz bewusst, die Deine Gedanken und Gefühle betrachtet. Du *hast* Gedanken und Gefühle, aber Du *bist* etwas ganz anderes. Du *bist* die *Instanz in Dir*, die diese Gedanken und Gefühle erkennen kann, Du bist das Subjekt, sonst könntest Du Gedanken und Gefühle als objektive Erscheinungen des Lebens gar nicht *wahrnehmen*.

Durch diese Sichtweise wird Dir zunehmend bewusst, dass Du Dich zuvor sehr stark mit Deinen Gedanken und Gefühlen identifiziert hast. Nun erkennst Du, dass da etwas *in* Dir ist, das Dein äußeres Leben mitsamt Deinen Gedanken und Gefühlen *beobachten* kann.

Diese *wahrnehmende Instanz* in Dir war Dir bislang verborgen geblieben auf der Suche nach Dir selbst im Außen. Jetzt erkennst Du *durch das Sehen nach innen*, dass Du in Wirklichkeit dieses wahrnehmende Bewusstsein *bist*. So kommt es nach und nach bei Dir zu einer fortschreitenden *Ent-Identifizierung mit der Außenwelt* und einer zunehmenden *Identifizierung mit der Innenwelt!*

Beim Schauen in die entgegengesetzte Richtung spürst Du immer mehr, wer Du wirklich, *wirklich* bist!

Dieses Sehen beschränkt sich jedoch nicht nur auf den Sehvorgang an sich. Das Sehen nach *innen* umfasst alle Sinne des Menschen und ist sozusagen das *Gegenstück* zur äußeren sinnlichen Wahrnehmung. Es ist sozusagen ein inneres Erspüren Deiner eigenen Dir innewohnenden Lebendigkeit, das *praktische Erfühlen des Seins an sich*. So kannst Du dieses innere Sehen sowohl mit offenen als auch mit geschlossenen Augen üben und auch in jeder Lebenssituation. Du musst Dich nur so oft wie möglich an diese Übung erinnern und sie dann auch durchführen!

Das Sehen nach *innen* funktioniert sowohl auf dem Marktplatz als auch in der Meditation, sowohl wenn Du aktiv bist als auch wenn Du ruhst.

Man könnte dieses Sehen als eine Art Alltagsmeditation bezeichnen, doch dieses Sehen nach *innen* ist weit davon entfernt, irgendwelche tranceähnlichen Zustände herbeizuführen. Das Sehen nach *innen* schärft Deine Würdigung der Lebensumstände und es ist kein zeitweiliger Rückzug von der Welt und den Menschen nötig. Dies macht diese Übung so praxisnah und alltagstauglich.

Nach kurzer Zeit der konsequenten Übung wirst Du Dich viel lebendiger fühlen, da Du den Kontakt zu Deinem *Dir innewohnenden Leben* hergestellt hast und somit aus der *Tiefe Deines Seins* lebst. Zunehmend wirst Du ein Gefühl der *Anwesenheit* und *Präsenz* verspüren, denn Du bist während der Übung in der Tat die *Sicht*, ohne Dich darin zu verlieren. Es ist keineswegs so, dass Dir, sobald Du den Sehenden erkennst, Deine Sicht verdunkelt oder verzerrt würde, sondern das ist eher der Fall, wenn Du die *sehende Instanz* in Dir übersiehst.

Du ignorierst nicht mehr die innere Welt Deiner seelischen Zustände, sondern nimmst diese *gleichzeitig* wahr. Das Sehen nach *innen* steht Dir jederzeit zur Verfügung. Gerade wenn Du es am dringendsten benötigst, z. B. wenn Du Dich aufregst oder Dir Sorgen machst. Es ist schnell zur Hand, um mit den Sorgen fertig zu werden, sobald diese auftauchen. Diese Art des Sehens erfordert keine speziellen Körperhaltungen oder körperliche Fähigkeiten. Auf der anderen Seite können positive körperliche Auswirkungen sehr deutlich erkennbar werden.

 „Nur ein ruhendes Gewässer wird wieder klarer."

(Tibetisches Sprichwort)

In der Regel stellt sich durch diese einfache Übung ein Gefühl *wachsamer Ruhe* ein, eine muskuläre Entspannung geht damit einher, die als energetisierend und nicht erschöpfend empfunden wird. Weiterhin verlangsamt sich Dein Atem, der Hals und die Wirbelsäule begradigen sich und richten sich auf. Oft klart die Gesichtsfarbe auf, die Augen beginnen wieder zu leuchten und die *gesamte körperliche und seelische Haltung* verbessert sich.

Auf diese Weise ist Dein Leben nicht in zwei Hälften gespalten – eine selbstgewahre *(innerliche, meditative)* und eine nicht selbstgewahre *(äußerliche, diskursive)* Welt. Durch das Sehen nach *innen* verschmelzen diese beiden Welten, das Äußere und Innere werden zusammengeführt und miteinander versöhnt.

*„Wir werden die Welt verstehen,
wenn wir uns selbst verstehen,
weil wir zwei integrante Hälften sind."*

(Novalis, 1772 – 1801)

Die Übung des inneren Sehens kann auch kaum falsch gemacht werden: Entweder Du schaust auf das, was in Deinem Zentrum liegt, oder Du übersiehst es.

*„Lass Subjekt und Objekt so eins sein, dass der Wind
nicht zwischen ihnen hindurch findet."*

(Wumen Huikai, chinesischer Zen-Meister,
1183 – 1260)

Erwarte bitte durch diese Übung keine mystischen oder gar religiösen Erfahrungen, weder ein Gefühl der Euphorie noch eine plötzliche Ausdehnung in universeller Liebe oder ein Gefühl kosmischen Bewusstseins. Dies wären auch wiederum nur äußere Erscheinungen, die bald schon wieder vergehen.

Das Sehen nach *innen* ist vielmehr absolut *eigenschaftslos*, *farblos* und *neutral*. Es ist die Schau in den stillen Ort Deiner *inneren Quelle* und gleichzeitig aus ihm heraus in die *vorbeiströmende, turbulente Welt*, ohne von diesem Strom in die Welt mitgerissen zu werden. Du folgst dem Strom des Lebens nicht mehr stromabwärts, sondern erkennst, dass Du Dich in Wirklichkeit immer *stromaufwärts* von allem befindest, und kehrst damit zu *Deiner inneren Quelle* zurück.

„Kann ich mich selbst in einem Spiegel finden?
Wenn Sie nach außen schauen,
haben Sie sich selbst aus dem Blick verloren
und Ihre Sicht bleibt äußerlich.
Wenden Sie Ihren Blick nach innen."

(Ramana Maharshi, 1879 – 1950)

Am Anfang dieses Sehens nach *innen* wird Dich unter Umständen ein befreiendes Gefühl des tiefen Friedens, ein Wohlgefühl oder Ähnliches erreichen. Aber diese positiven Gefühle, so angenehm sie auch sein mögen, sind keineswegs notwendig und derartige Empfindungen verpuffen ohnehin eher früher als später.

Viele Praktizierende dieses Sehens nach *innen* kommen sehr bald ganz still und demütig zu der Erkenntnis, dass diese Art des Sehens ganz schlicht zu innerer Harmonie führt, einerseits völlig undramatisch und unmystisch, andererseits sehr *real*, *friedvoll* und *innerlich beglückend*.

„Lass Deine Augen offen sein,
geschlossen Deinen Mund,
und wandle still, so werden Dir
geheime Dinge kund."

(Hermann Löns, 1866 – 1914,
Inschrift auf seinem Grabstein in der Lüneburger Heide)

Am Anfang dieser neuen Sichtweise, in den ersten Tagen, Wochen oder gar Monaten fühlst Du Dich mit großer Wahrscheinlichkeit *freudig* und *erhellt*. Du fühlst Dich anfangs wie neu geboren in einer neuen Welt. Doch irgendwann – sehr zu Deiner Überraschung und Enttäuschung – geht die allererste Euphorie verloren und Du hast das Gefühl, dass das Sehen nach *innen* plötzlich keinen Wert mehr für Dich hat. Dies gilt im Übrigen auch für alle anderen in diesem Buch aufgeführten Übungen mehr oder weniger. Zu einem gewissen Zeitpunkt, in einer bestimmten Phase Deines Lebens wirst Du versucht sein, die Übung aufzugeben. Zu diesem Zeitpunkt solltest Du die Übung des *Sehens nach innen* oder auch die anderen Übungen in diesem Buch beharrlich fortsetzen, ohne ein gutes Gefühl oder Ähnliches zu erhoffen. Dann solltest Du die Übung aufgrund ihrer *offensichtlichen* und *schlichten Wahrheit* weiterführen, mühelos und doch beständig. Indem Du die Übung unbeirrt fortsetzt, ohne auf Ergebnisse im Außen abzuzielen, garantierst Du, dass die „Früchte" noch viel gesünder wachsen, unbeobachtet und ungestört, sodass sie mit der Zeit reif werden.

In der Zwischenzeit und überhaupt immer ist Deine *einzige* Aufgabe bei dieser Übung, die nährende Wurzel in Deinem Inneren durch Dein Gewahrsein wie ein Gärtner zu hegen. Denn alles, was Du säst, wirst Du auch ernten – Du hast nur keinen Einfluss auf den Zeitpunkt der Ernte, denn den bestimmt die Natur und somit das Leben selbst.

Sei Dir bewusst: Nichts wird *erreicht* durch diese neue Sichtweise, sondern *nur entdeckt*. Und das, was entdeckt wird, ist völlig demütig und macht frei: der eine Ort, der Ort, wo Du real und keinerlei Erscheinung bist, der einfach frei von Egoismus und allem anderen ist – die *Freiheit in Dir!*

„Wenn Du frei sein möchtest, wisse,
dass Du das Selbst bist,
der Zeuge von all diesem,
das Herz des Gewahrseins."

(Ashtavakra Gita, eine der ältesten Schriften des Hinduismus, Entstehungszeitraum unbekannt)

Das Prinzip dieser Meditation des Sehens nach *innen* liegt darin, niemals und unter keinen Umständen Dein *Selbst* aus dem Blick zu verlieren. Und um *alle Deine Probleme wird sich gekümmert werden!*

Die Welt wurde im Licht des Bewusstseins erschaffen. Wenn Du dieses Bewusstsein als etwas erkennst, das ganz natürlich zu Dir gehört, ja das Du tatsächlich bist, glätten sich Deine Lebensumstände an der Oberfläche des Daseins und das Glück kehrt heim zu Dir!

Du kannst unermüdlich mit dem *„180-Grad-Wende-Blick"* fortfahren, weil er so interessant ist, weil er die stets erneute Entdeckung dessen ist, was Dich letztendlich am meisten betrifft – Dein *formloses Sein!* Es ist der *Zugang* zu Dir selbst!

Durch das Sehen mit der Wendung um 180 Grad schaust Du – gewissermaßen janusköpfig – beide Seiten Deines Lebens an, die *äußere* und die *innere Dimension* Deines Seins. Du schaust gleichzeitig nach *innen* auf den Sehenden und nach *außen* auf das Gesehene. Durch diesen *Akt des Sehens* wirst Du Dir der inneren Dimension Deines Lebens bewusst. So ist das *Sehen nach innen* ein weiterer Weg zu Dir selbst.

„*Gott hat die Sinne nach außen gelenkt,
deshalb schaut der Mensch nach außen
und nicht nach innen.
Zuweilen jedoch blickt eine kühne Seele
auf der Suche nach Unsterblichkeit zurück
und findet sich selbst.*"

(Upanishaden)

7. Übung:
Gegenwärtigkeit erfahren

„Nur wer nicht in der Zeit, sondern in der
Gegenwart lebt, ist glücklich.

(Ludwig Wittgenstein, 1889 – 1951)

Der Verlauf der 7. Übung:

Bringe Dich immer wieder, so oft Du nur kannst und daran denkst, in den *jetzigen Augenblick!* Erinnere Dich stets daran, dass das Leben nur im Augenblick stattfindet!

Sei Dir dessen bewusst bei allen Deinen täglichen Verrichtungen, und halte dabei fest an dem Seil der Gegenwärtigkeit.

Beobachte *achtsam* alle Deine Tätigkeiten und Handlungen und mache Dir stets bewusst, was Du in *diesem* Augenblick gerade tust!

 „Es ist immer jetzt, in alle Ewigkeit."

(Paul Schibler, geb. 1930)

Alles, was Du Dir bewusst machst, erlöst Du damit aus der Unbewusstheit im Lichte der stillen Aufmerksamkeit. Somit ist *jede* Vergegenwärtigung eine äußerst praktische spirituelle Übung. In den vorangegangenen Kapiteln ging es z. B. um den Atem, um das Gefühl des inneren Körpers oder um Deine Gedanken und Gefühle – alle diese Vorgänge laufen in der Regel unbewusst ab, d. h. wir atmen unbewusst, wir nehmen im alltäglichen Leben unseren Körper nicht von innen her wahr und auch das Denken und die Emotionen sind uns im Normalfall nicht bewusst.

Dazu gehören natürlich auch alle sonstigen Sinneswahrnehmungen wie Schmecken, Tasten, Riechen, Hören und Sehen. Machen wir uns diese äußeren Vorgänge so oft wie nur möglich bewusst, führt diese Übung zu einer inneren Kontaktaufnahme mit dem *formlosen Sein* in Dir. Innen und Außen sind letztlich eins, und ein Leben in der Gegenwärtigkeit des Seins führt Dich direkt zu der Präsenz, die Du in Wahrheit bist. Beginne jetzt: Höre auf zu denken und nimm nur wahr! Vielleicht hörst Du jetzt zum ersten Mal seit langem die Kirchturmglocken oder Du entdeckst plötzlich die Schönheit eines Möbelstückes. Oder Du schaust aus dem Fenster – bewusst – und lässt Deinen Blick schweifen zum Himmel, wirst Dir auf einmal der vorüberziehenden Wolken bewusst, dieses ständigen Gehens und Vergehens der Natur, ständig werden Dinge geboren und sterben. Du spazierst durch den Wald – auch dort vergegenwärtigst Du Dir die unzähligen Erscheinungsformen, überall verkörpert sich das *eine* Leben, überall erkennst Du plötzlich die Einheit des Seins im Schein der Gegenwart, die Totalität des Lebens. An der Oberfläche des Seins siehst Du vielleicht einen toten Baumstumpf, aber wenn Du tiefer schaust und sehr gegenwärtig bist, erkennst Du selbst auf dieser Ebene der Formen die Geburt unzähliger Lebewesen in diesem Baumstumpf – alles ist von diesem *einen* Leben durchdrungen und Du erkennst es augenblicklich, wenn Du Dich in den jetzigen Augenblick bringst. Überall fühlst Du nun das Leben, welches auch in Dir ist, das *eine* Leben erkennst Du durch die vergänglichen Formen hindurch als ewiges Leben, als ein *ständiges Werden und Sterben in jedem Augenblick*. Und all das erkennst Du durch die schmale Pforte des gegenwärtigen Moments. Nur dort spürst Du das Leben direkt. Sei wachsam im lebendigen Sein, so oft Du es vermagst. Diese Übung vereint in gewisser Weise alle vorangegangenen Übungen zu einem Ganzen. Gleichzeitig ist sie die Grundlage aller Übungen und des lebendigen Seins hier auf Erden.

In diesem Zusammenhang gibt es eine lehrreiche Geschichte aus dem Zen-Buddhismus:

Ikkyu war ein bekannter Zen-Mönch und Dichter. Als er einmal auf dem Markt flanierte, wurde er von einem jungen Mönch erkannt, der von ihm einen Gedichtband besaß. Dieser näherte sich ihm und fragte: „Meister Ikkyu, können Sie mir bitte in dieses Buch schreiben, was das Wichtigste, was die Essenz des Zen ist?" Ikkyu sagte: „Ja, das kann ich" und schrieb in das Buch „Aufmerksamkeit".

Da bemerkte der junge Mönch enttäuscht: „Ist das alles? Gibt es da nicht etwas Tieferes?" Ikkyu erwiderte: „Doch, es gibt etwas Tieferes" und schrieb „Aufmerksamkeit, Aufmerksamkeit".

Der Mönch aber war immer noch nicht zufrieden: „Aufmerksamkeit, das kann doch jeder! Können Sie nicht etwas Tiefgründigeres schreiben?"

Ikkyu antwortete: „Oh ja, das kann ich" und schrieb: „Aufmerksamkeit, Aufmerksamkeit, Aufmerksamkeit." Da verstand der Mönch plötzlich und verneigte sich tief.

In dem Moment, in dem unsere Aufmerksamkeit wie ein Licht auf die Formen der äußeren Welt scheint, befinden wir uns im Zustand der Gegenwärtigkeit und sind zugleich verbunden mit der tiefen Intelligenz des einen Lebens in uns. Diese Zen-Geschichte macht uns erneut deutlich, dass unser Verstand (der junge Mönch) glaubt, dass es doch nicht so einfach sein kann, dass etwas Tieferes dahinterstecken müsste, um sein Leben zu meistern, aber der Meister wiederholt nur immer wieder dasselbe Wort, dieselbe Wahrheit so oft und intensiv, bis der Schüler versteht. Der junge

Mönch sucht so lange nach Inhalten für sein Denken als Ausdruck der Zen-Lehre, bis er versteht, dass es letztlich darum geht, in sich die Stille und den Raum zu erkennen mithilfe der Aufmerksamkeit, der Gegenwärtigkeit, die im Innersten ist jenseits allen Denkens. Er erkennt schließlich, dass seine Aufmerksamkeit den Anfang und das Ende allen Seins ausmacht und er sich nur dann findet, wenn er nicht mehr sucht. Der junge Mönch transzendiert schließlich sein eigenes Denken, sein Ego, seine Zweifel und erkennt die Einfachheit der Zen-Lehre, indem er über das Denken hinausgeht.

Nur dort öffnet sich der Raum des Bewusstseins im Lichtkegel der Aufmerksamkeit, die Du in Wahrheit bist. Dieses *formlose Sein* ist ewig und unzerstörbar im Gegensatz zu den Formen des Lebens, die Ausdruck dieses formlosen Seins sind. Alles in dieser Welt unterliegt dem Wandel und ist endlich, nur Dein Innerstes ist unzerstörbar. So wie man den Inhalt eines Zimmers zerstören kann, aber den formlosen Raum, die Essenz, die es den Gegenständen im Raum erst ermöglicht zu sein, niemals zerstören kann, so ist es auch mit dem inneren Raum, dem inneren Licht der Bewusstheit in Dir. Das, was Du wirklich bist, der Raum, in dem die Dinge der Welt erscheinen im Lichte der Gegenwärtigkeit, ja das Leben selbst, ist *unantastbar* und *ewig*. Wenn wir aufmerksam sind, erkennen wir plötzlich diese formlose Dimension des Seins, erkennen, dass unser wahres Sein jenseits der Formen dieser Welt nicht bedroht werden kann. Hierin liegt der Frieden Gottes.

Alles fängt damit an, die Präsenz des Seins bewusst zu erfahren durch diese Aufmerksamkeitsübung. Nach und nach geht es immer mehr darum, diese Präsenz in unser

Alltagsleben zu integrieren, in unsere Art zu sein, in unser Handeln und im Miteinander mit anderen Menschen. Um die Gegenwärtigkeit im Alltag zu erfahren, ist es z. B. sehr hilfreich, tägliche Verrichtungen ein wenig langsamer als üblich zu gestalten. Durch die Verringerung der Geschwindigkeit in unseren Bewegungen erhöht sich automatisch die Bewusstheit für unser Tun und damit das Gefühl der Gegenwärtigkeit. Die Handlung wird nicht mehr Mittel zum Zweck, da unser Verstand durch die zunehmende Präsenz in eine Art „Leerlauf" gerät. Die Bewusstheit vertieft sich damit enorm und dadurch gleichzeitig die Freude am Leben selbst. Alles bekommt plötzlich eine angemessene Bedeutung, eine Frische, eine Lebendigkeit, und hierdurch gewinnt auch die äußere Wahrnehmung an Intensität und Qualität. Diese verlangsamten Bewegungen kennen wir beispielsweise aus dem chinesischen Tai Chi oder auch von der Feldenkrais-Methode (Bewusstheit durch Bewegung). Aber während wir beim Tai Chi und auch bei der Methode nach Feldenkrais die äußere Form (Bewegungsabläufe des Körpers) benutzen, um nach und nach in der Tiefe uns selbst zu finden, geht die hier vorgeschlagene Übung den umgekehrten und direkten Weg (Bewegung durch Bewusstheit). Aus dem inneren Seinsgefühl der Gegenwärtigkeit heraus machen wir jede alltägliche Handlung zu einer verlangsamten und bewussten Bewegung von innen nach außen. An erster Stelle steht also bei dieser Übung der Gegenwärtigkeit die Entdeckung des inneren Raums, der Stille, des Formlosen oder, wie die Buddhisten es ausdrücken, des „Todlosen". Von dort aus, aus der *Quelle allen Seins,* geben wir allem in unserem Leben das notwendige Raumbewusstsein und dadurch unserem Sein und unserem Handeln diese enorme Qualität, da wir nun *aus uns heraus* handeln, gegenwärtig, hier und jetzt!

Der Sinn dieser 7. Übung:

Nur der Augenblick ist lebendig und kann unmittelbar erfahren werden, Vergangenheit und Zukunft dagegen sind *gedankliche Konstrukte ohne Leben!* Niemand hat jemals die Vergangenheit geschmeckt, gefühlt, gerochen, erfahren!

Nur in der *Gegenwart* können wir uns vergangenen Gedanken bewusst werden, aber das geschieht immer nur im *Hier und Jetzt!*

 „Erinnerung ist Gegenwart."

(Novalis, 1772 – 1801)

Genauso verhält es sich mit der Zukunft: Erst wenn sie zur Gegenwart wird, kann sie erfahren werden, alles andere wie Gedanken in Form von Hoffnungen, Befürchtungen, Erwartungen etc. sind lediglich Konstrukte unseres Verstandes und haben keinen Anspruch auf Wirklichkeit.

Wenn wir es schaffen, *gegenwärtig* zu sein, sind wir ebenfalls mit unserem *Wesenskern* verbunden, denn wir *sind* nichts anderes als *diese Gegenwart!* Treten wir also ein in die Gegenwart unseres Seins und nehmen somit *wahrhaft* am Leben teil! Der alte und bekannte *Zen-Spruch* bringt es auf den Punkt, mehr ist nicht zu wissen oder zu tun:

„Wenn ich esse, dann esse ich!
Wenn ich trinke, dann trinke ich!
Wenn ich schlafe, dann schlafe ich!
Wenn ich da bin, bin ich da!"

Diese Anweisung zur Bewusstheit ist so einfach, nur leben wir unser Leben seit Urzeiten nicht auf diese Weise in der *Gegenwärtigkeit unseres Seins!*

Unser Denken und unsere Gefühle reißen uns allzu oft aus der Gegenwart des lebendigen Seins heraus. Diese ständigen gedanklichen Projektionen in die Vergangenheit und in die Zukunft sind allerdings *reine Illusionen*, denn sie entsprechen nicht dem *wahren Leben* jenseits der Gedanken und Gefühle. In Wirklichkeit befinden wir uns immer im *Hier und Jetzt*, wir können in Wahrheit dem *Hier und Jetzt* gar nicht entfliehen, denn in der Tiefe des Seins existiert keine Zeit, dort ist immer jetzt! Nur an der Oberfläche des Lebens existieren viele Momente, denn dort existiert die Zeit in unserem Denken. Durch den *Modus des ständigen Denkens* fallen wir fast immer in eine Art *Unbewusstheit* dem lebendigen Sein gegenüber zurück und leben so ein *Leben aus zweiter Hand*. Das *direkte* Leben findet jedoch nur *im Augenblick* jenseits unseres Denkens und Fühlens statt!

„Genau genommen leben nur
wenige Menschen wirklich in der Gegenwart,
die meisten haben nur vor, einmal richtig zu leben."

(Jonathan Swift, 1667 – 1745)

Wir können uns bei den täglichen Verrichtungen des Alltags immer wieder auf den *jetzigen Moment* ausrichten und unser Bewusstsein auf die aktuelle Handlung richten. Dann wird uns mitunter bewusst, dass wir häufig, ja fast ständig auf etwas warten. Unsere Gedanken sind beim Warten immer auf die Zukunft gerichtet. Richten wir hingegen unsere Gedanken auf die Gegenwart, hört das Warten auf und das Sein beginnt.

> *„Der Höhepunkt des Glückes ist es, wenn der Mensch bereit ist, das zu sein, was er ist."*
>
> (Erasmus von Rotterdam, 1465 – 1536)

Mit zunehmender Übung der Gegenwärtigkeit wird es immer leichter, selbst unliebsame Tätigkeiten in einer qualitativ sehr hochwertigen Art und Weise zu verrichten, sodass es sogar Spaß machen kann. Probiere es einfach gleich aus und Du wirst sehen: Durch die gegenwärtige Handlung bringst Du Dich in den *Kontakt zu Dir selbst* – dies geht einher mit einem Gefühl von Liebe, Freiheit und Unabhängigkeit, von Weite und Klarheit, welches Dir auf Dauer *tiefen Frieden* bringt! Sei Dir bewusst, dass es in bestimmten Lebenssituationen leichter ist, Dich auf den Augenblick auszurichten. In anderen Situationen Deines Lebens kann sich die Fokussierung auf den augenblicklichen Moment, auf das Leben selbst, schwieriger gestalten. So ist es erheblich einfacher, den Kontakt zu Dir selbst in der Gegenwart des Seins aufrechtzuerhalten, wenn Du beispielsweise mit kleinen Kindern zusammen spielst. Man kann grundsätzlich sagen: Je jünger die Kinder sind, desto einfacher ist das Erfahren der Gegenwärtigkeit. Je nach Deinen Vorlieben kann auch ein Sprung in den kalten Badesee oder eine kalte Dusche hilfreich sein, hier sind Deiner Kreativität keine Grenzen gesetzt.

Jedoch gibt es ebenso Situationen im Leben, in denen sich die Erfahrung der Gegenwärtigkeit deutlich schwieriger gestaltet. Ein Beispiel wäre hier der Umgang mit sehr verstandesbetonten Mitmenschen, die stets versuchen, Dir z. B. ihre Theorien vom Leben zu vermitteln oder Dich auf andere Weise mit dem Strom ihrer Gedanken mitreißen wollen. Dies kann eine große Herausforderung für Dich sein, einfach nur zuzuhören und durch Deine Gegenwärtigkeit den Worten des anderen Menschen Raum zu geben, ohne selbst in den Sog der auf Dich einfallenden Gedanken zu geraten. Aber auch hier macht Übung den Meister! Bleibe beharrlich bei Deiner Übung und verharre in der Gegenwärtigkeit, gib den Dingen Raum und bleibe möglichst still. Dann wirst Du in allen Lebenslagen souverän bleiben, weil Du den Kontakt zu Dir selbst aufrechterhältst und Dich nicht in den Dingen der Welt verlierst. Bleibe also in *allen* Lebenslagen standhaft bei Deiner Übung!

> *„Es gibt nur eine Zeit, in der es wesentlich ist,*
> *aufzuwachen – diese Zeit ist jetzt."*
>
> (Gautama Buddha, 563 – 483 v. Chr.)

> *„Die Gegenwart allein ist wahr und wirklich;*
> *sie ist die real erfüllte Zeit,*
> *und ausschließlich in ihr liegt unser Dasein."*
>
> (Arthur Schopenhauer, 1788 – 1860)

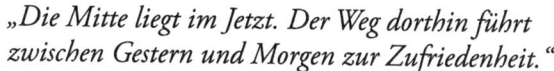 *„Die Mitte liegt im Jetzt. Der Weg dorthin führt zwischen Gestern und Morgen zur Zufriedenheit."*

(Unbekannt)

Abschließende Anmerkungen

*„Zu erkennen, dass man nichts ist, ist Weisheit;
zu erkennen, dass man alles ist, ist Liebe."*

(Nisargadatta Maharaj, 1897 – 1981)

Ich möchte mich bei *Dir* bedanken für Deine Offenheit und Dein Interesse an den vorstehenden Übungen. Es würde mich sehr freuen, wenn die *7 Wege zu Dir selbst* Dich wirklich dorthin führen, wo immer noch die meisten

Menschen ihr ganzes Leben nicht hinschauen und deshalb auch nicht hinkommen werden. Der Weg zu Dir selbst hat, wie wir gesehen haben, verschiedene Zugänge, die ich Dir durch dieses Buch eröffnen wollte, und ich hoffe, dass Du durch den einen oder anderen Zugang der sieben aufgezeigten Deinen Weg zu Dir selbst finden kannst! Dann hätte sich das Schreiben dieses Buches gelohnt! Bei gewissenhafter Durchführung der sieben Übungen werden sich sehr schnell weitreichende und ungeahnte positive Veränderungen in Deinem Leben zeigen. Sei Dir dessen *gewiss!*

Die Aussagen dieses Buches widersprechen deutlich den Aussagen zahlreicher Bücher aus dem Bereich des positiven Denkens und der Wunscherfüllung, die dem spirituell suchenden Menschen auf dem Buchmarkt zur Verfügung stehen. Diese Bücher suggerieren Dir vorwiegend, dass Du alles erreichen kannst in Deinem äußeren Leben, wenn Du nur die dort dargestellten Techniken und Methoden richtig anwendest. Doch bedauerlicherweise funktioniert das Leben nicht auf diese Weise, und so ist es Dir nicht möglich, das Leben zu manipulieren durch bestimmte Techniken in der Hoffnung auf das große Glück im Außen, welches in Wahrheit niemals kommt, weil es in Deinem Inneren liegt und daher nur dort zu finden ist!

 „Ewiger Sonnenschein schafft eine Wüste."

(Arabisches Sprichwort)

Dieses äußere Glück und dessen „Machbarkeit" ist eine riesige Illusion unseres Verstandes, wird ständig geboren durch unsere Ängste und unser Verlangen und ständig genährt durch das Fehlen eines inneren Kontaktes zu uns selbst. Daher hat diese Art von Büchern gerade bei Menschen mit großen Begierden eine permanente Hochkonjunktur!

Du als Mensch hast aber nicht die freie Wahl Deiner äußeren Lebensumstände – diesbezüglich sind Dir gewisse Grenzen vom Leben auferlegt im Rahmen Deines so genannten Schicksals. Dieser Gedanke ist im Allgemeinen nicht sehr populär und klingt zunächst wie eine „schlechte Nachricht". Aber darin verborgen steckt die „gute Nachricht": Du hast trotzdem eine Wahl innerhalb dieser Dir vorgegebenen Grenzen, denn unter dem „Gesetz" bist Du frei! Du kannst jederzeit den Weg nach innen antreten und Dich auf diese Weise einstimmen auf Dich selbst! Sei präsent und still, sei im Hier und Jetzt, sei mit Dir im Einklang und finde Dich dadurch selbst – sei, wer Du bist! Mache Dich nicht zum Sklaven Deines Denkens und Verlangens, Deiner Ängste und Sorgen, und plötzlich erkennst Du, dass Du bewusst frei bist und sich Dein Leben Schritt für Schritt entfaltet und erblüht. Auf diese Weise hast Du den „bestmöglichen Einfluss" auf die Geschicke Deines Daseins, denn der Weg jedes Menschen geht nach innen und von da aus nach außen und nicht umgekehrt! Mehr kann der Mensch nicht „tun", mehr kannst Du nicht „tun" als auszuatmen, loszulassen, Dich eingebettet zu fühlen in das Leben und Dich *selbst* zu finden in der Gegenwärtigkeit des Seins! Mehr steht nicht in Deiner „Macht", aber mehr ist auch nicht notwendig, um Deine *Not zu wenden* und um Dein Glück zu finden!

Die Ursache all Deiner Probleme in Deinem Leben ist die *Entfremdung von Dir selbst* und die *falsche Identifikation* mit der so genannten äußeren Welt. Durch die *sieben Übungen* findest Du zu Dir selbst und nach und nach hört auch die Identifikation mit der äußeren Welt auf – schaue nach innen und Deine Lebensumstände harmonisieren sich auf wunderbare Art und Weise!

Natürlich können wir als Menschen auf Dauer nicht aufhören zu denken. Immer wieder werden Gedanken in uns aufsteigen. Die Gedanken selbst sind auch nicht das eigentliche Problem, sondern unsere Anhaftung an sie, unsere Identifizierung mit ihnen! Wenn wir es dann zu Beginn bereits schaffen würden, uns nicht mehr mit *jedem* aufkommenden Gedanken zu identifizieren, wenn wir innerlich unseren Gedanken einen *wertfreien Raum* geben könnten und ihnen nicht mehr „nachhängen" und an ihnen „kleben" würden, würde die Anzahl der Gedanken bereits deutlich weniger. Aber die Qualität der noch verbleibenden Gedanken würde proportional dazu hochwertiger sein. Denn die wenigen Gedanken, die dann noch erscheinen, haben ihren Ursprung nicht mehr in der „Gehirnakrobatik unseres Verstandesapparates", sondern in der *lebendigen Tiefe des Seins*. Dort aus der *Stille* und der *Quelle allen Seins* kommen sie hervor und haben eine ganz andere Energie und Manifestationskraft als die an der Oberfläche des Daseins produzierten Gedanken.

Du und Dein Handeln werden fortan authentischer und freier, weil Du allmählich immer mehr zu demjenigen wirst, der Du in Wahrheit bist – das *lebendige formlose Sein!* Denn Du bist nun nicht mehr in erster Linie Deinem Denken und Fühlen, Deinen Sorgen und Ängsten verhaftet, sondern verbunden mit Deinem *Wesenskern* und *verankert in* der tiefen

Stille in Dir, jenseits von Gedanken und Gefühlen. Dieses *Verbundensein* macht Dein Leben reich und friedvoll!

Wir sind als Menschen denkende Wesen und können daher nicht mehr einfach zurückkehren in unseren natürlichen Urzustand des Seins, den beispielsweise Kleinkinder und Tiere noch innehaben. Dieser Urzustand des Seins ist hier größtenteils noch *natürlich* vorhanden. Diese *Verankerung im Sein* ist der Grund dafür, dass wir uns in besonderem Maße zu kleinen Kindern und Haustieren hingezogen fühlen. Aber dieser Zustand ist ein *unbewusster* Zustand des Seins. Der sich in dieser Welt entwickelnde Mensch kann nicht in diesen unbewussten Naturzustand zurückgehen, so wenig wie ein Neugeborenes wieder in den Mutterschoß zurückkehren kann. Der Mensch muss vielmehr seinen *ihm* bestimmten Weg nach vorn antreten zu immer größerer *Bewusstheit*, indem er *über das Denken hinaus* seine Verankerung im Sein und damit seinen Frieden findet. Dieser dann erreichte *Seinszustand*, um den es in diesem Buch geht, ist im Gegensatz zum früheren unbewussten Naturzustand nun ein *bewusster* Zustand des Seins. So muss der Mensch den „Umweg" über das Denken machen, um es zu transzendieren und dadurch innere Freiheit zu erlangen. *Bewusst sein*, das ist die Aufgabe jedes Menschen!

Das erinnert an die Geschichte von Jesu Geburt. Auf der einen Seite stehen hier die Hirten auf dem Felde, die Einfältigen, die den Weg zu Jesus mit dem Herzen finden – direkt! Sie repräsentieren das Finden des inneren Friedens und der Erlösung in der Form, dass sie bereits im Sein verankert sind und sich somit auf dem direkten Wege des Herzens befinden. Die Hirten sind daher auch die ersten Menschen, die das Jesuskind finden.

Auf der anderen Seite stehen dort die drei Könige aus dem Morgenland – sehr kluge und wissende Menschen, welche auf dem Weg des Denkens und schließlich über das Denken hinaus letztlich auch zu innerem Frieden finden. Doch ihr Weg ist deutlich länger als der Weg der Hirten und daher finden sie das Kind in der Krippe, den Frieden, der den Verstand übersteigt, und die Erlösung auch erst später nach einer langen Reise. Dieser Weg der Heiligen Drei Könige repräsentiert symbolisch den Weg des verstandesbetonten und in seinem Denken gefangenen Menschen. In der längsten und dunkelsten Nacht des Jahres, in *tiefster Dunkelheit*, finden schließlich beide, Hirten und Könige, das innere Licht der Erlösung!

> *„Hebe den Stein hoch und Du wirst mich finden, spalte das Holz und ich bin da."*
>
> (Jesus, zw. 7 und 4 v. Chr. – 30, 31 oder 33 n. Chr.)

In der Weihnachtsgeschichte verbirgt sich eine sehr tiefe Symbolik über den Weg des Menschen an sich, die hier nur angedeutet werden kann. Es ist kein Zufall, dass sie seit über 2.000 Jahren nicht nur überliefert, sondern auch aktiv gefeiert wird von Menschen auf der ganzen Welt. Andere Religionen haben natürlich entsprechende Feste, Bräuche und Riten. Auch die Geschichte von der Kreuzigung Jesu ist ein Sinnbild für den Weg jedes Menschen. Das Kreuz als Folterinstrument wird durch die *Hingabe an das Leid* („Dein Wille geschehe") zum *göttlichen Symbol* für *Frieden* und *Liebe*!

> *„Das Wasser kann ohne Fische auskommen,*
> *aber kein Fisch ohne Wasser."*
>
> (Chinesisches Sprichwort)

Finde also zunächst Deinen Frieden in Dir, dann wirst Du ihm auch nachfolgend in Deinen Lebensumständen begegnen. Suchst Du jedoch im Außen Deinen Frieden, wirst Du ihn niemals dauerhaft finden, denn Du suchst dort in der *falschen Richtung*. Das Leben gestaltet sich stets von innen nach außen, vom Verborgenen zum Manifesten, vom Sein zum Dasein. Und so kann nur die Entdeckung des inneren Raumes und des inneren Reichtums in der Stille zu beständigem Glück und Harmonie in Deinem Leben führen.

> *„Selig ist der Mensch, der mit sich selbst in Frieden lebt.*
> *Es gibt auf Erden kein größeres Glück."*
>
> (Matthias Claudius, 1740 – 1815)

Die Menschen in Deinem Umfeld werden instinktiv spüren, dass Du Dich durch diese Übungen veränderst und dadurch Kontakt zu Deinem Sein, ja zum Leben selbst aufgenommen hast. Sie werden immer mehr auf Dich achten, auf Deine Worte hören und sich in irgendeiner Form von Dir angezogen fühlen. Du wirst für Sie attraktiver, aber nicht, weil Du äußerlich besser aussiehst, sondern weil Du begonnen hast, nach innen zu gehen, und Dein „inneres Licht" von dort her nach außen strahlt.

Der *Weg zu Dir selbst* scheint manchmal ein einsamer Weg mit wenigen oder gar keinen Verbündeten zu sein, aber das ist nur der äußere Eindruck an der Oberfläche des Daseins.

Immer mehr Menschen wollen es wirklich wissen und machen sich auf, die tieferen Wahrheiten und Weisheiten des Lebens *wahrhaftig* zu begreifen und für ihr Leben *praxisnah* umzusetzen. Für *diese* Menschen habe ich das vorliegende Buch geschrieben.

> *„Mensch werde wesentlich: Denn wenn*
> *die Welt vergeht, so fällt der Zufall weg,*
> *das Wesen das besteht."*
>
> (Angelus Silesius, 1624 – 1677)

Je älter der Mensch wird, desto mehr erkennt er, dass das wahre Glück nicht in der äußeren Welt zu finden ist. Immer klarer wird dann, wo die Quelle der Freude und des Lebens zu suchen ist – der geheimnisvolle Weg führt nach *innen!* Wende Dich also *Dir selbst* zu! Du *bist* Bewusstsein, Du *bist* Glückseligkeit, Du *bist* das Leben! Widme also diese Zeit, die Dir gegeben ist, der Liebe zu Deinem eigenen Selbst!

Wir nehmen alle Teil an diesem *einen* Leben, welches im Inneren erfahren werden kann als das *formlose eine Sein.* Dieses gefühlte Leben manifestiert sich in unzähligen Formen in unserer Welt. Alles ist mit Leben erfüllt, alles ist Energie, alles ist Schwingung in diesem Universum. Doch diese Aussagen kann der Verstand nicht begreifen, denn er ist stets fixiert auf die äußeren Formen des Lebens, zu denen auch alle Gedankenformen zählen – dort ist er allerdings sehr aktiv und versorgt das *Karussell unserer Gedanken* immer von Neuem. Auf der anderen Seite stellt unser Verstand nur einen kleinen Teil unseres Seins dar. Wie kann ein Eimer Wasser den gesamten Ozean erfassen? Unmöglich also für den Verstand, das lebendige Sein, ja das Leben selbst zu begreifen durch Gedanken. Der Verstand kann nur *begreifen*, was Formen hat, das Formlose entzieht sich seiner Wahrnehmung. Das formlose Sein kann nur erfahren werden, indem wir unseren Blick nach *innen* wenden. Der Weg dorthin bleibt dem Verstand verschlossen! Nur unser „Herz" hat hier den Zugang! Jenseits des Denkens findest Du die Stille in Dir, die wie der Ozean auch nur erkannt werden kann, wenn über das Denken hinaus die Einheit des Lebens *mit dem Herzen erfasst wird* in den Tiefen des lebendigen Seins. So wie wir alle mit der Atemluft verbunden sind, so sind wir auf einer tieferen Ebene des Seins zugleich mit dem gesamten *einen* Leben verbunden, welches immer neu geboren wird in dieser Welt. So findet ständig eine „Reinkarnation" in das Dasein statt, wir müssen diesbezüglich nicht auf unseren physischen Tod warten!

Wenn wir in die Tiefe gehen, erkennen wir, dass dieses *eine* Leben *formlos*, *still* und *zeitlos* in uns ruht, vergleichbar mit der Windstille im Zentrum eines Wirbelsturms. Je tiefer Du Dich in Richtung des windstillen Zentrums bewegst, desto sicherer bist Du vor den Stürmen des Lebens an der Peripherie des Zyklons. Du ruhst dort sicher und geborgen im Auge des Sturms in der Tiefe des formlosen Seins, Deiner *wahren* Identität!

Das, was unser Dasein wertvoll und lustvoll macht, ist nichts anderes als die Empfindung der eigenen Lebendigkeit in uns. Um diese wahrhaft zu fühlen, müssen wir *Kontakt zu unserem Sein* aufnehmen, indem wir nach *innen* schauen.

Die in diesem Buch vorgestellten Übungen sollen Dir dabei ständige Wegbegleiter sein.

In der Empfindung des eigenen Seins verankert zu sein im Trubel der Welt führt automatisch zu einem Gefühl der *Liebe zum Leben*, denn wir entdecken dabei in uns das Leben selbst und lernen uns so wahrhaftig kennen.

Diese Liebe ist erfüllt von einem Gefühl der Dankbarkeit für das Leben, welches uns geschenkt wurde. Das Äußere verblasst, das Innere erblüht!

„Wenn ein Mensch verliebt ist, zeigt er sich so,
wie er immer sein sollte."

(Simone de Beauvoir, 1908 – 1986)

Liebe will nicht haben, sie will nur lieben. Für jeden Menschen ist das einzig Wichtige auf der Welt, sein eigenes Innerstes zu entdecken und dabei seine Liebesfähigkeit. *Jesus* hat dies gesagt, *Buddha* hat dies gesagt und auch viele andere, die zum Teil in diesem Buch zitiert werden. Nimm also Kontakt zu Dir selbst auf und liebe Dich *selbst* so wie Deinen Nächsten!

„Der Glaube empfängt, die Liebe gibt."

(Deutsches Sprichwort)

Der Mensch kann nur „gut" sein, wenn er glücklich ist, wenn er Harmonie in sich hat, also wenn er liebt. Diese Liebe darf sich nicht im Äußeren verlieren, indem sie den Kontakt zum eigenen Sein und dem damit verbundenen Gefühl der Einheit unterbricht. Im Innersten sind wir *Le-*

ben, *Gegenwärtigkeit* und *Liebe*, die sich nach außen verströmen möchte. Sei Dir stets dessen bewusst und lebe danach. Der Sinn des Lebens ist nicht, geliebt zu werden, Geld zu verdienen, Macht zu haben, schön zu werden, sondern zu *fühlen* und zu *lieben,* was ist. Das Glück kommt nur durch Liebe, die *bedingungslos* ist und nur entdeckt werden kann im Innersten. Sie ist Deine wahre Natur, und das Unglück der Welt und das eigene Unglück kommen nur daher, dass das Lieben *gestört* ist. Finde Dich selbst und die Liebe findet ihren Ausdruck in Dir und Deinem Leben! Wer lieben kann, *ist* glücklich.

 „Liebe kennt keine Zeit."

(Brasilianisches Sprichwort)

Alle Erkenntnisse in diesem Buch, so schön sie auch klingen mögen, sind noch nicht *das Leben selbst*, sondern nur der Weg dazu. Nur wenn Du den Weg auch wirklich gehst, also die Übungen wahrhaftig durchführst, wirst Du ans Ziel gelangen und Dich selbst finden. So mancher Mensch bleibt ewig auf dem Weg, schreitet aber nicht voran, weil so viele äußere Ablenkungen entlang des Weges ihm Glück verheißen. So bleibt so mancher am Wegweiser stehen und ergötzt sich an der Aufschrift!

Und trotz allem nimm dieses Buch immer mal wieder zur Hand und erinnere Dich an den wichtigsten Weg in Deinem Leben – den Weg nach innen!

 „Ein Blick ins Buch und zwei ins Leben,
das wird die rechte Form dem Geiste geben."

(Johann Wolfgang von Goethe, 1749 – 1832)

Lasse Schritt für Schritt die Wegweiser hinter Dir und gehe Deinen Weg, indem Du *über die Worte dieses Buches hinausgehst*, indem Du Kontakt zu Dir selbst suchst, nicht zu den Worten! Die Worte mögen noch so schön sein, sie gehören doch zur *äußeren* Welt. Schlussendlich lass auch das Lernen aus den Büchern los! Öffne Dein eigenes Buch des Lebens und sei still! Sei frei von Verlangen! Sei frei von Gedanken! Den Weg zu Dir selbst musst Du *selbst und allein* gehen, indem Du die Worte als Wegweiser hinter Dir lässt. Sie dienen nur der Orientierung, um Dich selbst zu finden! Der Wegweiser aber ist *nicht* das Ziel.

> *„Der Zauber des Lebens besteht nicht darin,*
> *alles Sichtbare mit dem Verstand zu erfassen,*
> *sondern das Unsichtbare hinter all dem*
> *Sichtbaren mit dem Herzen zu berühren."*
>
> (Bülent Kacan, geb. 1975)

Finde Dich durch die sieben Übungen selbst, so oft Du es vermagst in Deinem Alltag. Spüre immer wieder in Dich hinein und mache Dich selbst und das Leben in Dir zu *Deinem besten Freund!* Pflege den Kontakt zu der lebendigen Stille in Dir und öffne Dich dem grenzenlosen Raum in Deinem Innersten. Gehe tiefer in das Sein, das Du *bist*, und erkenne Dich selbst. *Sei einfach – sei still – sei Du selbst!* Es ist so einfach! Hier endet die Weisheit von Worten und beginnt die tiefe Lebendigkeit des Seins. Diese entzieht sich jeglichen Worten und offenbart sich Dir nur als *Seins-Erfahrung*, die erkannt und gespürt werden kann jenseits unseres Denkens!

Am Ende dieses Buches möchte ich noch einmal auf den bereits zu Anfang zitierten Gedanken (vgl. Seite 43!) des französischen Philosophen *René Descartes* zurückkommen: *„Ich denke, also bin ich"* und ihn in einer Art *Bewusstseins-Pyramide* weiterentwickeln:

(Die Entwicklung des Bewusstseins im Menschen)

Die Entwicklung des Bewusstseins im Menschen erfolgt nach diesem *Pyramidenmodell* in vier Schritten:

1. Reines Verstandesbewusstsein
(„Ich denke, also bin ich") als unterste Ebene: Der Mensch ist beherrscht von Gedanken und Gefühlen und dadurch sehr stark identifiziert mit der so genannten Außenwelt. Er befindet sich überwiegend im *Haben-Modus*. Dies ist der *unglücklichste* Bewusstseinszustand! Leider befinden sich darin noch die meisten Menschen!

2. Seinsbewusstsein mit Verstandesaspekten
("Ich bin, also denke ich") als zweite Ebene: Die Identifikation mit den äußeren Umständen löst sich langsam auf. Immer mehr identifiziert sich der Mensch mit der *Einheit allen Seins* und erkennt sich als *das formlose Sein*. Er befindet sich jetzt überwiegend im *Seins-Modus* und empfindet immer mehr Glück in seinem Leben! Auf dieser Stufe angelangt passiert es noch relativ häufig, dass der Mensch ab und an zurückfällt auf die unterste Stufe des Verstandesbewusstseins, denn der seit der Kindheit konditionierte Strom der Gedanken ist sehr dominant. Durch die regelmäßigen Übungen aus diesem Buch kommt es aber nach und nach zur Stabilisierung auf der 2. Ebene des Seinsbewusstseins.

3. Seinsbewusstsein mit Liebesaspekten
("Ich bin, also liebe ich") als dritte Ebene: Hier nun hat sich unser Seinsbewusstsein deutlich stabilisiert, unser Denken und Fühlen kommt immer mehr zur Ruhe und wir erleben immer öfter Momente des Glücklichseins im Hier und Jetzt ohne Grund! Wir entdecken langsam die Liebe in unserem Sein und erkennen immer mehr, dass Glück und Liebe nur im Inneren zu finden sind. Wir geben uns daher voller Vertrauen dem Leben hin, machen das Leben zu einem Freund und versuchen, nach und nach alles zu lieben, was ist. Das Äußere verblasst, das Innere erblüht!

4. Liebesbewusstsein auf Seinsebene
("Ich liebe, also bin ich") als vierte Ebene: Je mehr wir Glück und Liebe auf der Seinsebene erkennen und erfahren, umso mehr erkennen wir schließlich auch, dass die Liebe die *stärkste Kraft im Universum* ist und dass wir *eins sind* mit ihr in

unserem *Wesenskern*. Diese Liebe wirklich zu erfahren und ein Bewusstsein dafür zu stabilisieren in unserem Sein ist das höchste Glück des Menschen! Wir akzeptieren nicht nur in vollem Maße das Leben und geben uns diesem hin, sondern wir *lieben* das ganze Leben *bedingungslos* und *umfassend* und uns als Teil davon ebenso, weil wir die Einheit allen Lebens anerkennen und die bedingungslose Liebe als die *Grundsubstanz* des lebendigen formlosen Seins erkennen! Der Mangel an Liebe zu uns selbst lässt uns immer wieder von Neuem fliehen in die Welt der Vergangenheit und in die Welt der Zukunft, die ja nur Gedanken sind und nicht wirklich existieren. Ohne Liebe bist Du von der Gegenwärtigkeit des Seins und dadurch vom Leben selbst abgeschnitten. Ein Leben ohne Liebe ist kein wahres Leben, sondern nur ein Leben aus zweiter Hand, eine Kopie, eine Täuschung, eine Illusion! Liebe Dich selbst und spüre Dich wieder als eine Form des Lebens, kehre heim in das lebendige Sein, das Du bist! In Kontakt mit Deinem Wesenskern in der Tiefe des Seins erkennst Du, dass die Liebe der *Urgrund des Seins* ist!

> *„Die Liebe verträgt alles, sie glaubt alles,*
> *sie hofft alles, sie duldet alles."*
>
> (Paulus im 1. Korintherbrief, 13,7)

Am Ende steht also die Entwicklung des *Liebesbewusstseins*, d. h. die Entwicklung der Liebe in uns, die wir in Wahrheit *sind!*

> *„Die Liebe ist der Endzweck der Weltgeschichte*
> *und das Amen des Universums."*
>
> (Novalis, 1772 – 1801)

Über den Weg des *Denkens* hin zum *Sein* (der Weg nach innen!) und vom *Sein* hin zur *Liebe* (der anschließende Weg von innen nach außen!) und so zu einem *liebevollen erfüllten* und *segensreichen Leben!*

Den Höhepunkt der Schöpfung hat der Mensch dann erreicht, wenn er mit vollem Bewusstsein von sich sagen kann, weil er es *in sich erkennt*:

> *„Ich liebe das Leben so, wie es ist,*
> *ich liebe mich so, wie ich bin!"*

Ohne die Liebe zu Dir selbst, zu Deinem formlosen Sein, wirst Du kein beständiges Glück in Deinem Leben erfahren. Ohne die Liebe in Deinem Innersten ist *alles nichts!*

Ich danke allen Leserinnen und Lesern recht herzlich und wünsche *Dir* viel Glück auf den *7 Wegen zu Dir selbst!*

„Jede dunkle Nacht hat ein helles Ende."

(Persisches Sprichwort)

„Es ist vernünftiger, eine Kerze anzuzünden,
als über Dunkelheit zu klagen."

(Kung Fu Tse, 551 – 479 v. Chr.)

„Alle Dunkelheit der Welt kann das Licht einer einzigen Kerze nicht auslöschen."

(Chinesisches Sprichwort)

Glück

Solang Du nach dem Glücke jagst,
Bist Du nicht reif zum Glücklichsein,
Und wäre alles Liebste Dein.

Solange Du um Verlornes klagst
Und Ziele hast und rastlos bist,
Weißt Du noch nicht, was Friede ist.

Erst wenn Du jedem Wunsch entsagst,
Nicht Ziel mehr noch Begehren kennst,
Das Glück nicht mehr mit Namen nennst,

Dann reicht Dir des Geschehens Flut
Nicht mehr ans Herz, und Deine Seele ruht.

(Hermann Hesse, 1877 – 1962)

Zum Autor

Detlef Rathmer (geb. 1968) ist staatlich geprüfter Heilpraktiker und Leiter der Sehgal-Schule für Revolutionierte Homöopathie (SfRH) in Billerbeck. In seinem 4-jährigen Studium der Naturheilkunde hat er sich insbesondere mit Klassischer Homöopathie, Augendiagnose, Bachblütentherapie und Schüßler-Salzen beschäftigt.

Seit mehreren Jahren bildet Detlef Rathmer selbst Heilpraktiker im naturheilkundlichen und schulmedizinischen Bereich aus. Praxis-Schwerpunkt ist seit 2002 die „ganzheitliche Behandlung von Patienten nach der Sehgal-Methode". Im März 2008 erschien dazu von ihm das autodidaktische Lern- und Arbeitsbuch „Fallanalyse in der Homöopathie nach Sehgal" im Eva Lang Verlag.

Seine jahrzehntelange Erfahrung als Dozent und Ausbilder sowie die Essenz seiner eigenen spirituellen Suche legt der Vater von zwei Söhnen und frühere Jurist in dem vorliegenden Ratgeber „7 Wege zu Dir selbst. Lebenskunst für den Alltag" nieder.

Notizen

mankau

Bücher, die den Horizont erweitern

Matthias A. Exl
Befreie dich selbst!
Über die Kunst, wahrhaftig zu leben
ISBN 978-3-938396-19-3

Der ehemalige Spitzenmanager und heutige Reiki-Meister und Geistheiler Matthias A. Exl leistet wertvolle spirituelle Lebenshilfe für alle, die ihr Leben ändern wollen.

Curt Fredriksson
Die Ermächtigung
Expedition zum Glück
ISBN 978-3-938396-05-6

„Dieses Buch fordert heraus! (...) Beachtlich!"
Heidi Schirner, Schirner Magazin

„(...) ein Buch, das seinesgleichen sucht."
Lutz Tolksdorf, NLG-Buchservice

Petra Neumayer / Roswitha Stark
Medizin zum Aufmalen II
Symbolwelten und neue Homöopathie
Extra: Arbeitshilfen und Testlisten für Einsteiger und Anwender!
ISBN 978-3-938396-18-6

Alles über Heilen mit Symbolen. Von den Autorinnen des Bestsellers „Medizin zum Aufmalen – Heilen durch Informationsübertragung und neue Homöopathie".

Unsere erfolgreiche Ratgeber-Reihe!
DER PSYCHOCOACH

**Welchen Einfluss hat die Psyche wirklich auf Ihren Körper?
Welche Macht hat Ihr Unterbewusstsein über Ihr Leben?**

Andreas Winter zeigt dem Leser neue, bislang oft übersehene Aspekte der Gesundheit: In Kombination mit einer „Starthilfe-CD" können Leiden wie Kettenrauchen, Allergien, Übergewicht, Alkoholkonsum oder Partnerschaftsprobleme mit hoher Erfolgsquote aufgelöst werden.

**Nikotinsucht –
der große Irrtum**

ISBN 978-3-938396-10-0

**Heilen ohne
Medikamente**

ISBN 978-3-938396-11-7

**Abnehmen ist
leichter
als Zunehmen**

ISBN 978-3-938396-12-4

**Liebe, Sex und
Partnerschaft**

ISBN 978-3-938396-16-2

**Der Geist aus
der Flasche**

ISBN 978-3-938396-17-9

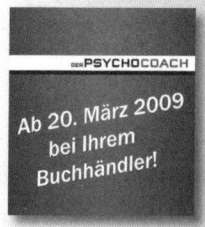

Anti-Aging

ISBN 978-3-938396-22-3

www.mankau-verlag.de

- Diskussionsforum mit unseren Autoren und Lesern
- Kostenloser E-Rundbrief mit Buch-Verlosungen
- Titel-Informationen, Veranstaltungen, Termine